建设项目投资管控全过程咨询

应用指南

JIANSHE XIANGMU TOUZI GUANKONG
QUANGUOCHENG ZIXUN
YINGYONG ZHINAN

四川省造价工程师协会　编著

中国计划出版社
北　京

图书在版编目（CIP）数据

建设项目投资管控全过程咨询应用指南 / 四川省造价工程师协会编著. -- 北京 : 中国计划出版社, 2022.12
ISBN 978-7-5182-1498-3

Ⅰ. ①建… Ⅱ. ①四… Ⅲ. ①基本建设投资－咨询－指南 Ⅳ. ①F283-62

中国版本图书馆CIP数据核字(2022)第239237号

责任编辑：张　颖　　封面设计：思梵星尚
责任校对：王　巍　　责任印制：李　晨　王亚军

中国计划出版社出版发行
网址：www.jhpress.com
地址：北京市西城区木樨地北里甲11号国宏大厦C座3层
邮政编码：100038　电话：（010）63906433（发行部）
北京天宇星印刷厂印刷

787mm×1092mm　1/16　11.5印张　282千字
2022年12月第1版　2022年12月第1次印刷

定价：65.00元

编审委员会

前　言

建设项目投资的有效管控是工程建设管理的重要任务。随着全过程工程咨询管理模式的不断推进，特别是《政府投资条例》的颁布，为我国政府投资的全过程管控提供了上位法，对法治化、规范化、制度化管理和控制政府投资，提供了有力的保障。建设项目投资管控，就是要求在投资决策阶段、设计阶段、发承包阶段、施工阶段、竣工阶段及项目后评价阶段等，把工程建设总投资管理控制在批准的投资限额内，保证项目建设的目标得以实现。

对投资管控进行全过程咨询服务，正是工程造价咨询企业开展全过程工程咨询的主要工作之一，是工程造价咨询企业的专业特长和能力水平的体现，是造价咨询企业为业主提供优质的工程咨询服务，解决工程项目管理中难点和痛点的迫切需要。在我国社会主义市场经济快速发展过程中，建设工程项目需要利用市场机制对各种资源进行优化配置，为社会提供高质量、低成本、高效率的建筑产品，而实现该目标的主要途径之一就是做好建设项目全过程投资管控。为此，四川省造价工程师协会组织了对投资管控理论和实操具有相当造诣的专家、学者，对投资管控工作既有理论水平又有实践经验的资深造价工程师，按照对投资管控提供全过程咨询的架构，编写了这本《建设项目投资管控全过程咨询应用指南》(以下简称本指南)。

本指南重点在投资管控的理论分析与实践操作相结合，特别强调并指明开展全过程或某一阶段的投资管控咨询，需要收集哪些资料，需要具备哪些前置条件，需要完成具体工作的操作流程、方法、表单，需要出具的成果文件内容和形式。本指南特别在限额设计造价咨询、设计优化造价咨询、设计方案经济分析、合约规划与招标采购策划、风险清单分析、施工方案技术经济分析等工程造价从业人员迫切需要掌握且在咨询工作中需要广泛运用的专业知识等进行了详尽的分析阐述，并给出了大量基于实践运用的表单设计和案例分析，具有较强的参考性和实操性。相信广大工程造价从业人员通过学习和掌握本指南，可以快速提高建设项目投资管控全过程咨询服务的综合能力和技术水平。

本指南主要为工程造价咨询企业接受建设单位委托，开展建设项目投资管控全过程咨询提供操作应用指南，为建设单位及其他建设市场主体开展建设项目投资管控工作提供参考，也可以用于高等学院工程造价、工程管理等专业学生学习参考。全过程工程咨询的发展方兴未艾，数字造价、智能造价、大数据、云计算等各种新方法、新技术不断涌现，需要我们不断学习总结，本指南难免存在疏漏或不足之处，敬请广大读者批评指正。

四川省造价工程师协会

2022 年 6 月

目 录

第一章 总述

一、本指南编制目的及范围

（一）编制目的

建设项目投资的有效管控是工程建设管理的重要任务，也是工程造价咨询企业开展全过程工程咨询的主要工作，是工程造价咨询企业的专业特长。建设项目投资管控是指在建设项目投资决策阶段、设计阶段、发承包阶段、施工阶段和竣工阶段，把工程建设投资控制在批准的投资限额内，以保证项目建设目标的实现。

本指南就是在全过程工程咨询的背景下，按照中国建设工程造价管理协会标准《工程造价咨询企业服务清单》CCEA/GC 11—2019 的有关规定，对项目投资管控全过程咨询业务的开展进行咨询方法的提炼和咨询实操的归纳，为从事建设项目投资管控全过程咨询的工程造价咨询企业提供操作应用指南，为建设单位及其他建设市场主体开展建设项目投资管控工作提供参考。本指南中基于实践操作的表单和案例，具有较高的参考性和较强的操作性。

（二）编制范围

（1）本指南是按照工程造价咨询企业接受建设单位委托，开展建设项目投资管控全过程咨询服务应该完成的或需要完成的主要工作，以及完成这些工作需要的前置条件、操作流程、控制因素，需要出具的成果文件进行编制的。

（2）本指南编制范围涵盖建设项目投资决策阶段、设计阶段、发承包阶段、施工阶段、竣工阶段和项目后评价阶段投资管控全过程咨询活动。

（3）本指南编制既关注投资管控全过程咨询应以投资控制为主线，也关注基本建设程序的合法性、合规性和工程项目管理的科学性、先进性。

（三）应用范围

（1）本指南是工程造价咨询企业开展建设项目投资管控全过程咨询服务，进行信息收集、工作流程、成果应用的操作性指南，也是建设单位及其他建设市场主体开展建设项目投资管控工作的参考。

（2）本指南主要应用于按照施工总承包模式发承包的建设项目。从决策阶段到后评价阶段，工程造价咨询企业可以接受建设单位委托的全过程咨询，也可以接受建设单位委托的某几个阶段的咨询。不管是全过程咨询还是某几个阶段咨询，都可以运用本指南指导建设项目投资管控工作。

（3）按照工程总承包模式发承包的建设项目开展投资管控，可参考本指南。

二、建设项目投资管控全过程咨询目标和内容

（一）咨询目标

建设项目投资管控全过程咨询的目标，是通过全过程咨询产生相对于单项咨询的增量价值。解决分阶段委托的单项咨询之间信息传递和协同的问题，有助于更好地协助建设单位实现决策的科学性，建设管理的合法性、合规性，同时协助建设单位正确履职履约，提高投资效益。

（二）咨询内容

本指南涵盖项目建设全过程的主要阶段，分为决策阶段、设计阶段、发承包阶段、施工阶段和竣工阶段。涉及的投资管控咨询内容包括投资估算、经济评价、设计概算、施工图预算、限额设计和设计优化、招标采购策划与合约规划、工程量清单及最高投标限价（招标控制价）、清标、合同谈判、施工过程投资控制、竣工结算以及涉及多个阶段的经济鉴证的配合工作等。投资管控全过程咨询主要内容如图 1.0.1 所示。

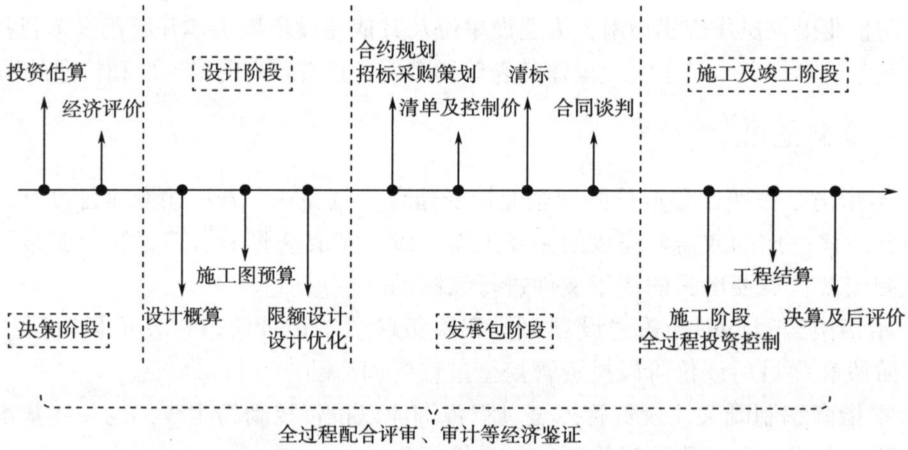

图 1.0.1 投资管控全过程咨询主要内容

三、投资管控全过程咨询原则和方法

（一）投资管控全过程咨询原则

投资管控全过程咨询应遵循公平、诚信、合法、绿色的原则。

公平原则：体现各方权利和义务的公平，不得损害任何一方的合法权益和社会公益。

诚信原则：秉持诚实、善意，恪守承诺，维持当事人之间的信任关系。

合法原则：不得违反法律，不得违背公序良俗。

绿色原则：以效率、和谐、可持续为目标，有利于节约资源、保护生态环境。

（二）投资管控全过程咨询方法

1. 建立以目标为导向的思考框架

全过程咨询应清楚各阶段工作在全过程咨询中的作用和目标，相应的要做哪些工作，以及如何做才能更好地实现这个目标。本指南旨在建立“输入—操作—输出”的完整系统，以咨询目标为导向，在开展某项咨询时，系统的完成以下工作：①明确需要收集哪些资料，需要哪些前置条件。②明确需要做的具体工作及其操作流程、方法，过程中使用的工作表单。③明确需要出具的成果文件。

2. 建立系统思维和全局视野

全过程咨询要转变单项咨询的思路，要考虑各阶段工作的延续性和关联性。开展前一阶段工作时，要考虑为后续阶段提供的资料依据和信息；开展后一阶段工作时，也要考虑将之前各阶段的成果发挥最大价值。

以投资控制为核心，但不能孤立地看待投资。一是在评估建设投资时，如设计优化时，要考虑后期运营维护成本，即实现全生命周期最优；二是评估方案时，要从管理、技术和经济多方面去考虑，平衡造价、质量、进度、安全文明施工及环保。

3. 建立全过程动态管理体系

建设项目投资在项目建设全过程是动态变化的。基于方案设计的可行性研究投资估算、初步设计的概算、施工图设计的预算、市场竞争的合同价，设计蓝图通过施工过程变成建筑实体、预计造价变成实际投入的工程结算，这是一个造价的组成从粗到细，不确定性越来越低的过程。全过程咨询单位进行项目投资的全过程动态管理，就要使建设单位能够随时掌握当时的投资情况及变动情况，使投资及管理决策有准确的数据作为支撑。

建立动态管理体系是通过设立动态管理目标、编制各类台账、建立咨询日志、编制投资管控动态管理报告等方式为委托人提供动态管理服务，包括两个方面：一是整个建设过程从估算、概算、预算到结算的动态变化对比，二是项目过程中各类合同金额的动态管理。

（1）设立动态管理目标。根据决策立项文件、设计文件、招投标文件、合同等资料，以不同阶段的咨询成果设立动态管理目标，即以估算控制概算、以概算控制预算、以预算控制决算等。

（2）建立多元化台账。

1）建立如表1.0.1所示的各阶段项目投资对比表，并在全过程咨询中动态更新，对比各阶段金额变化情况，分析产生变化的原因。

表1.0.1　各阶段项目投资对比表

序号	费用名称	可研批复投资估算	经核定的投资概算	施工图预算	最高投标限价（招标控制价）	签约合同价	竣工结算	竣工决算
1	总投资							
1.1	建筑安装工程费							
1.2	工程建设其他费							

续表 1.0.1

序号	费用名称	可研批复投资估算	经核定的投资概算	施工图预算	最高投标限价（招标控制价）	签约合同价	竣工结算	竣工决算
…								
相对前一阶段金额发生变化的主要原因分析								

2）建立合同动态管理台账。该台账包含工程项目实施过程中涉及的每一个由委托人发包的合同，以便全面掌握工程的每一项支出，并与预先确定的管理目标做对比，以期将每一个合同的支出都控制在预期工程造价范围内。合同动态管理台账示例见表 1.0.2。

3）建立设计变更台账、技术经济签证台账、工程支付台账及其他与投资有关的资料台账。其他与投资有关的资料指图纸会审纪要、专题会议纪要、监理例会纪要、技术核定单、收方记录、材料询价记录等资料。

工程支付台账按月（或按施工合同中约定的支付节点）编制，至少包含以下信息：①合同内工程量及造价金额本月支付金额（比例）、累计金额（比例）、剩余金额（比例）的信息；②设计变更本月增减金额及累计增减金额；③技术经济本月增减金额及累计增减金额；④其他影响造价变化项目金额的支付及累计情况。

（3）建立咨询日志。咨询日志是对咨询过程中的一些重要事项进行记录。咨询日志标题栏主要包含项目名称、时间、地点、天气、温度等信息；工程实施情况栏记录重要的工程进度、质量、安全等情况；咨询内容栏具体记录当日与造价咨询有关的事项，如会议决定事项、当日处理的造价事务、造价问题或争议的解决方式等。咨询日志属于单方面证据，只能作为其他资料的佐证，因此咨询日志记录的内容需要与其他资料保持一致。

（4）编制投资管控动态管理报告。提交给委托人的报告是咨询工作的价值体现。投资管控动态管理报告必须做到规范、全面、丰富，且主次分明、附件齐全。一般动态管理报告按周期分为周报、月报、年报，也可以根据项目实际情况和委托人的要求进行调整。

1）周报。周报是指造价咨询人每周向委托人提供的投资动态管理咨询报告，主要包含项目概况，工程进度情况，本周完成合同产值，设计变更及其涉及的造价增减情况，技术经济签证及其涉及的造价增减情况，其他涉及造价增减情况的事件介绍分析，挣值法绘制的评价曲线图及分析说明，暂列金额和管理目标的预警情况分析，上周遗留问题的处理情况，本周发生造价事项及处理结果，下周涉及造价事项的计划，其他特殊情况的说明等内容。

2）月报。月报是指造价咨询人每月向委托人提供的投资动态管理咨询报告，主要包含项目概况，工程进度情况，本月完成的合同产值，工程款支付情况，设计变更及其涉及的造价增减情况，技术经济签证及其涉及的造价增减情况，其他涉及造价增减情况的事件介绍分析，挣值法绘制的评价曲线图及分析说明，暂列金和管理目标的预警情况分析，上月遗留问题的处理情况，本月发生造价事项及处理结果，下月涉及造价事项的计划，其他特殊情况的说明等内容。

3）年报。年报是指造价咨询人年终向委托人提供的投资动态管理咨询报告，若项目工期不足一年，则直接编制项目咨询总结报告。年报将周报、月报的内容进行分析总结，对本年度的咨询情况做全面细致的报告，并对下年的造价咨询做计划与展望。

表 1.0.2 合同动态管理台账示例

序号	项目名称	项目批准概算金额/投资控制目标金额	合同编号	合同名称	承包单位	签约合同价	修正合同价	已发生的工程变更/签证/调价费用	当前已知工程造价	预计将发生工程变更/签证/调价费用	当前预计工程造价	当前预计工程造价与批准概算（或投资控制目标值）的差值	当前剩余可使用的暂列金额	可能存在的价款调整项目、主要偏差情况及产生的原因分析和必要的说明、意见和建议
一														
1														
2														
…														

第二章　投资决策咨询

第一节　决策阶段投资管控概述

项目投资决策是选择和决定投资行动方案的过程，是对拟建项目的必要性和可行性进行技术经济论证，对不同建设方案进行技术经济比较选择从而做出判断和决定的过程。项目投资决策正确与否，直接关系到项目建设的成败，关系到工程造价的高低及投资效果的好坏。正确决策是设计的依据，是合理确定与有效控制工程造价的前提。

在项目投资决策阶段，不仅要对项目进行投资估算，还要对项目进行财务评价，通过盈利能力、偿债能力以及财务可持续生存能力等方面的相关指标进行定量分析，从项目微观角度出发，进一步判别项目在财务上的可行性程度，并为项目进行宏观经济分析奠定基础。

一、项目投资决策流程

根据《政府投资条例》和《企业投资项目核准和备案管理办法》的规定，政府投资项目审批需经过审批项目建议书和可行性研究报告，企业投资项目经过可行性研究后申请核准或登记备案。项目投资决策流程如图 2. 1. 1 所示。

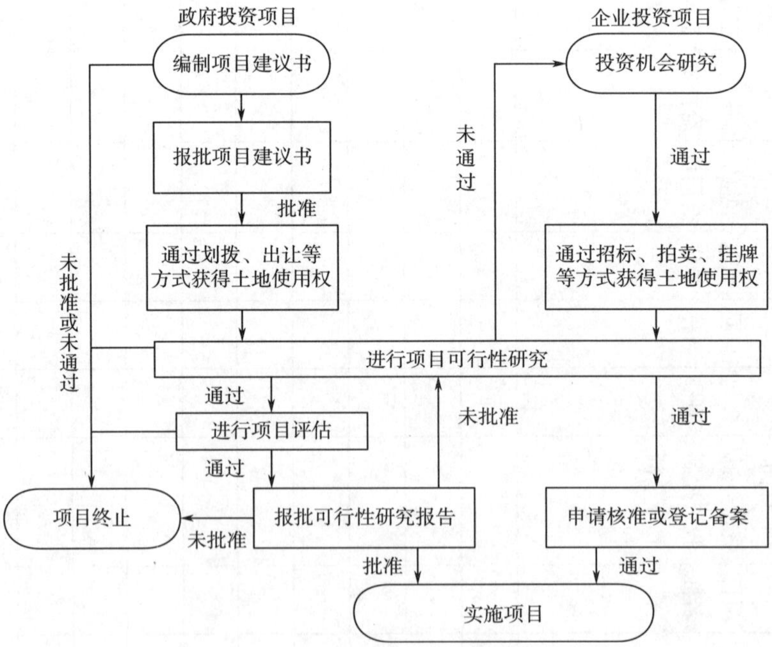

图 2. 1. 1　项目投资决策流程图

二、投资决策阶段咨询服务内容

《工程造价咨询企业服务清单》CCEA/GC 11—2019 中投资决策类服务内容中包含项目建议书、可行性研究报告、项目申请报告等。在项目可行性研究中还包括编制初步招标方案的内容。从决策阶段参与的全过程咨询单位，在这一阶段要对项目全过程的管理事项进行策划，招采策划和合约规划的内容详见本指南第四章“发承包阶段投资管控咨询”的相关内容。同时，在这一阶段应关注项目立项决策程序的合规性，具体详见本指南第六章第一节“配合项目审计的相关工作”。本章主要对决策阶段的投资估算编审和经济评价的方法进行论述。

第二节　投资估算编审

一、基本规定

投资估算是在对项目的建设规模、产品方案、技术方案、设备方案、选址方案和工程建设方案及项目进度计划等进行研究并基本确定的基础上，对建设项目总投资数额及分年资金需要量做出的估算。项目的建设规模、产品方案、技术方案、设备方案、选址方案和工程建设方案及项目进度计划等的研究方法详见《投资项目可行性研究指南》（中国电力出版社）。

投资估算是进行建设项目技术经济评价和投资决策的基础，应编制投资估算的阶段包括项目建议书、预可行性研究、可行性研究、方案设计（包括概念方案设计和报批方案设计）以及项目申请报告等阶段。

二、工作内容

（1）全过程咨询单位可按受委托编制整个项目的投资估算、单项工程投资估算、单位工程投资估算或分部分项工程投资估算，也可接受委托进行投资估算的审核与调整，配合设计单位或决策单位进行方案比选、优化设计、限额设计等方面的投资估算工作，亦可进行决策阶段的全过程造价控制等工作。

（2）投资估算一般应根据建设项目的特征、设计文件和相应的工程造价计价依据等资料进行编制，并对主要技术经济指标进行分析。

（3）建设项目的设计方案、资金筹措方式、建设时间等发生变化时，应进行投资估算调整。

（4）对建设项目进行评估时应进行投资估算的审核，政府投资项目的投资估算审核除依据设计文件外，还应依据有关部门发布的相关规定、建设项目投资估算指标和工程造价信息等计价依据。

（5）设计方案进行比选时，工程造价人员应配合设计人员对不同技术方案进行技术经济分析，主要依据各单位工程或分部分项工程的主要技术经济指标确定合理的设计方案。

（6）对于已经确定的技术方案，工程造价人员可依据有关技术经济资料提出优化的建议与意见，使技术方案更加经济合理。

（7）对于采用限额设计的建设项目、单位工程或分部分项工程，工程造价人员应配合设计人员确定合理的建设标准，进行投资分解和投资分析，确保限额的合理可行。

三、文件的组成

投资估算文件一般由封面、签署页、编制说明、投资估算分析、总投资估算表、单项工程估算表、主要技术经济指标等内容组成。

投资估算的编制说明一般包括以下内容：①工程概况；②编制范围；③编制方法；④编制依据；⑤主要技术经济指标；⑥有关参数、率值的选定；⑦特殊问题的说明（包括采用新技术、新材料、新设备、新工艺）；必须说明价格的确定过程；进口材料、设备、技术费用的构成与计算参数；采用特殊结构的费用估算方法；安全、节能、环保、消防等专项投资占总投资的比重；建设项目总投资中未计算项目或费用的必要说明等；⑧对投资限额和投资分解说明（采用限额设计的工程）；⑨对方案比选的估算和经济指标说明（采用方案比选的工程）；⑩资金筹措方式。

四、投资分析

（1）工程投资比例分析。一般民用项目应分析土建及装修、给排水、消防、采暖、通风空调、电气等主体工程和道路、广场、围墙、大门、室外管线、绿化等室外附属/总体工程占建设项目总投资的比例；一般工业项目应分析主要生产系统（需列出各生产装置）、辅助生产系统、公用工程（给排水、供电和通信、供气、总图运输等）、服务性工程、生活福利设施、厂外工程等占建设项目总投资的比例。

（2）建筑工程费、设备购置费、安装工程费、工程建设其他费用、预备费占建设项目总投资比例分析；引进设备费用占全部设备费用的比例分析等。

（3）影响投资的主要因素分析。

（4）与类似工程项目的比较，对投资总额进行分析。

五、建设项目总投资构成

（1）建设项目总投资由建设投资、建设期利息和流动资金组成。其中，建设投资由建设项目的工程费用、工程建设其他费用及预备费用组成。建设项目总投资构成如图 2.2.1 所示。

工程费用包括建筑工程费、安装工程费及设备购置费；预备费包括基本预备费和涨价预备费。建设期利息包括银行借款、其他债务资金利息以及其他融资费用。

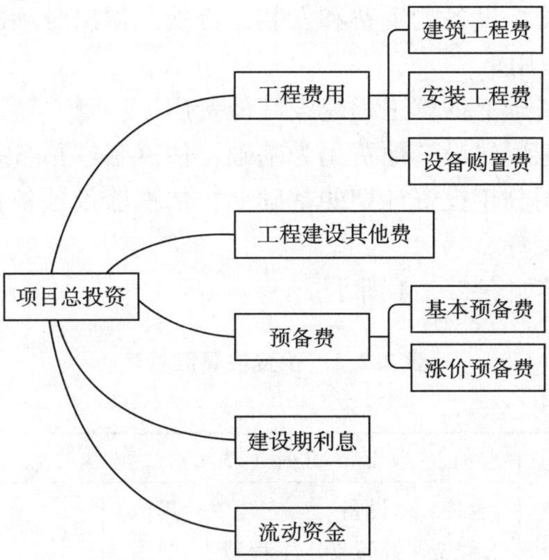

图 2.2.1　建设项目总投资构成

(2) 单项工程投资估算应按建设项目划分的各个单项工程分别计算组成工程费用的建筑工程费、设备购置费及安装工程费。

(3) 工程建设其他费用估算应按预期将要发生的工程建设其他费用种类逐项详细计算其费用金额。

(4) 工程造价人员应根据项目特点，计算并分析整个建设项目、各单项工程和主要单位工程的主要技术经济指标。

六、编制方法

(一) 项目建议书阶段投资估算

(1) 项目建议书阶段的投资估算一般编制总投资估算表。总投资估算表中工程费用的内容应分解到主要单项工程，工程建设其他费用可在总投资估算表中分项计算。

(2) 项目建议书阶段建设项目投资估算可采用生产能力指数法、系数估算法、比例估算法、混合法、指标估算法等方法编制。

(二) 可行性研究阶段投资估算

(1) 可行性研究阶段建设项目投资估算原则上应采用指标估算法。对投资有重大影响的主体工程应估算出分部分项工程量，参考相关定额编制主要单项工程的投资估算。

(2) 项目申请报告、预可行性研究阶段、方案设计阶段建设项目投资估算视设计深度，可参照可行性研究阶段的编制方法进行。

(三) 估算步骤

(1) 分别估算建筑工程费、设备购置费和安装工程费。

（2）汇总建筑工程费、设备购置费和安装工程费，得出分项的工程费用，然后加总得出项目建设所需的工程费用。

（3）在工程费用的基础上估算工程建设其他费用。

（4）以工程费用和工程建设其他费用为基础，估算基本预备费。

（5）在确定工程费用分年投资计划的基础上，估算涨价预备费。

（6）加总求得建设投资。

投资估算汇总表式样如表 2.2.1 所示。

表 2.2.1　投资估算汇总表

工程名称：

序号	工程和费用名称	估算价值（万元）					技术经济指标			
		建筑工程费	设备购置费	安装工程费	其他费用	合计	单位	数量	单位价值	占比（%）
一	建设项目总投资									
1	建设投资									
2	工程费用									
2.1	主要生产系统									
2.2	辅助生产系统									
2.3	公用工程									
2.4	服务工程									
2.5	生活福利设施									
2.6	厂外工程									
2.7	工程其他建设费									
3	预备费									
3.1	基本预备费									
3.2	价差预备费									
4	小　计									

续表 2.2.1

序号	工程和费用名称	估算价值（万元）					技术经济指标			
		建筑工程费	设备购置费	安装工程费	其他费用	合计	单位	数量	单位价值	占比（%）
5	建设期利息									
6	流动资金									

（四）工程费用估算

1. 建筑工程费用估算

（1）估算内容。建筑工程费是指为建造永久性建筑物和构筑物所需要的费用，主要包括以下几部分内容：

1）各类房屋建筑工程和列入房屋建筑工程预算的供水、供暖、卫生、通风、燃气等设备费用及其装设、油饰工程的费用，列入建筑工程的各种管道、电力、电信和电缆导线敷设工程的费用。

2）设备基础、支柱、工作台、水池等建筑工程以及各种窑炉的砌筑工程和金属结构工程的费用。

3）建设场地的大型土石方工程、施工临时设施和完工后的场地清理等费用。

4）矿井开凿、井巷延伸、露天矿剥离，石油、天然气钻井，修建铁路、公路、桥梁、水库、堤坝、灌渠及防洪等工程的费用。

（2）估算方法。建筑工程费的估算方法有单位建筑工程投资估算法、单位实物工程量投资估算法。

1）单位建筑工程投资估算法。单位建筑工程投资估算法是以单位建筑工程量投资乘以建筑工程总量来估算建筑工程费的方法。一般工业与民用建筑以单位建筑面积（平方米）投资，水库以水坝单位长度（米）投资，铁路路基以单位长度（公里）投资，乘以相应的建筑工程总量计算建筑工程费。

2）单位实物工程量投资估算法。单位实物工程量投资估算法是以单位实物工程量投资乘以实物工程量总量来估算建筑工程费的方法。土石方工程按每立方米投资，路面铺设工程按每平方米投资，乘以相应的实物工程量总量计算建筑工程费。

投资估算指标应根据不同地区、不同时期的实际情况进行调整，具体取值可通过组价或参考同类型项目确定。某项目建筑工程费估算如表 2.2.2 所示。

表 2.2.2 某项目建筑工程费估算表

序号	建（构）筑物名称	单位	工程量	单价（元）	费用合计（万元）
1	生产车间	m^2	245 600	2 200	54 032
2	培育室	m^2	8 500	3 000	2 550

续表 2.2.2

序号	建（构）筑物名称	单位	工程量	单价（元）	费用合计（万元）
3	原料、成品库	m^2	55 200	2 000	11 040
4	综合动力站	m^2	8 500	1 200	1 020
5	地下水池	m^3	1 300	750	98
6	门卫室	m^2	74	4 000	30
7	厂区围墙和大门	m	7 750	1 200	930
8	厂区道路	m^2	9 800	400	392
9	厂区绿化	m^2	6 680	250	167
10	综合楼	m^2	13 300	4 500	5 985
11	食堂等生活设施	m^2	21 200	4 500	9 540
12	车库	m^2	80 250	5 000	40 125
合计					125 908

2. 设备购置费估算

设备购置费指需要安装和不需要安装的全部设备、仪器、仪表等和必要的备品备件、工器具、生产家具等购置费用。设备购置费可按国内设备购置费、进口设备购置费、工器具及生产家具购置费和备品备件分类估算。

（1）国内设备购置费用。国内设备购置费是指为建设项目购置或自制的达到固定资产标准的各种国产设备的购置费用。

国内设备购置费（估算）=设备原价+设备运杂费

设备原价一般指的是设备制造厂的交货价，即出厂价。

设备运杂费通常由运输费、装卸费、运输包装费、供销手续费和仓库保管费等各项费用构成。

设备运杂费=设备原价×设备运杂费费率

某项目国内设备购置费估算见表 2.2.3。

表 2.2.3　某项目国内设备购置费估算表

序号	设备名称	规格型号	单位	数量	设备购置费（万元）		
					出厂价	运杂费	总价
1	工艺设备		台/套	124	14 362	1 295	15 657
2	通风设备		台	200	860	50	910
3	自控设备		套	10	3 000	240	3 240
4	培育室设备		套	10	400	32	432
5	化验检测仪器		台/套	440	976	78	1 054
6	机电仪修设备		套	30	600	48	648
7	综合动力设备		台/套	150	3 950	316	4 266
8	消防设备		套	10	240	19	259

续表 2.2.3

序号	设备名称	规格型号	单位	数量	设备购置费（万元）		
					出厂价	运杂费	总价
9	污水处理设备		套	1	300	24	324
10	通信设备				50		50
11	生产运输车辆		台	60	670	54	724
12	台式计算机		台	30	24		24
13	工器具及生产家具				79.5	6	85.5
	合计						27 674

（2）进口设备购置费。进口设备购置费由进口设备货价、进口从属费用及国内运杂费组成。

1）进口设备的货价。进口设备货价按其包含的费用内容不同，可分为离岸价（FOB）与到岸价（CIF）等，通常多指离岸价。

离岸价（FOB）是货物成本价，指出口货物抵达出口国口岸（船上）交货的价格；到岸价（CIF）是指货物成本+国外运费+国外运输保险费的价格，是进口货物抵达进口国口岸的价格。

2）进口从属费用。进口从属费用包括国外运费、国外运输保险费、进口关税、进口环节消费税、进口环节增值税、外贸手续费和银行财务费等。

a. 国外运费是从装运港（站）到达我国抵达港（站）的运费。按下式计算：

国外运费=进口设备离岸价×国外运费费率

或：　　国外运费=单位运价×运量

国外运费费率或单位运价参照有关部门或进出口公司的规定执行。

b. 国外运输保险费是被保险人根据与保险人（保险公司）订立的保险契约，为获得保险人对货物在运输过程中发生的损失给予经济补偿而支付的费用。按下式计算：

国外运输保险费=(进口设备离岸价+国外运费)×国外运输保险费费率

国外运输保险费费率按照有关保险公司的规定执行。

进口设备按到岸价计价时，不必计算国外运费和国外运输保险费。

c. 进口关税，按下式计算：

进口关税=进口设备到岸价×人民币外汇牌价×进口关税税率

进口关税税率按照我国海关总署发布的《中华人民共和国海关进出口税则》及相关规定执行。

d. 进口环节消费税。

进口适用消费税的设备（如汽车），应按规定计算进口环节消费税。

消费税=组成计税价格×消费税税率

组成计税价格=(关税完税价格+关税)÷(1−消费税税率)

进口货物以海关审定的成交价格为基础的到岸价格作为关税完税价格。到岸价格（CIF）包括货价、货物运抵我国境内输入地点起卸前的包装费、运费、保险费和其他劳务费等费用。

可行性研究阶段拟建项目尚未与外商正式签订引进商务合同，进口货物以估算的到岸价格（CIF，以人民币表示）暂作为关税完税价格。可按下式计算：

$$进口环节消费税=\frac{进口设备到岸价\times人民币外汇牌价+进口关税}{1-消费税税率}\times消费税税率$$

消费税税率按《中华人民共和国消费税暂行条例》及相关规定执行。

e. 进口环节增值税，按下式计算：

$$增值税=组成计税价格\times增值税税率$$

$$组成计税价格=关税完税价格+关税+消费税$$

可行性研究阶段拟建项目尚未与外商正式签订引进商务合同，进口货物以估算的到岸价格（CIF）暂作为关税完税价格。因此：

$$进口环节增值税=(进口设备到岸价\times人民币外汇牌价+进口关税+消费税)\times增值税税率$$

增值税税率按《中华人民共和国增值税暂行条例》及相关规定执行。

f. 外贸手续费，按国家有关主管部门制定的进口代理手续费收取办法计算。计算公式为：

$$外贸手续费=进口设备到岸价\times人民币外汇牌价\times外贸手续费费率$$

在可行性研究阶段可参照部门、行业的估算规定选取。

g. 银行财务费，按进口设备货价计取。计算公式为：

$$银行财务费=进口设备货价\times人民币外汇牌价\times银行财务费费率$$

银行财务费费率应根据银行要求采用。可行性研究阶段一般视货价为离岸价（FOB），银行财务费费率可参照部门、行业的估算规定选取。

3）国内运杂费。国内运杂费通常由运输费、运输保险费、装卸费、包装费和仓库保管费等费用构成。计算公式为：

$$国内运杂费=进口设备离岸价\times人民币外汇牌价\times国内运杂费费率$$

国内运杂费费率按部门、行业或省、市的规定执行。

某进口设备购置费如表 2.2.4 所示。

表 2.2.4 某进口设备购置费

序号	费用明细	费率（%）	计算公式	价格（万元）
1	离岸价	—	—	28 000
2	国外运费	4	1×费率	1 120
3	国外运输保险费	0.1	(1+2)×费率	29
4	进口关税	10	(1+2+3)×费率	2 915
5	进口环节增值税	13	(1+2+3+4)×费率	4 168
6	外贸手续费	1	(1+2+3)×费率	291
7	银行财务费	0.15	1×费率	42
8	国内运杂费	2.1	1×费率	588
9	设备购置费	—	合　计	37 154

（3）工器具及生产家具购置费估算。工器具及生产家具购置费是指按照有关规定，为保证新建或扩建项目初期正常生产必须购置的第一套工卡模具、器具及生产家具的购置费用。一般以国内设备原价和进口设备离岸价为计算基数，按照部门或行业规定的工器具及生产家具费费率计算。

（4）备品备件购置费估算。在大多数情况下，设备购置费采用带备件的原价估算，不必另行估算备品备件费用；在无法采用带备件的原价、需要另行估算备品备件购置费时，应按设备原价及有关专业概算指标（费率）估算。

3. 安装工程费估算

（1）估算内容。安装工程费一般包括：①生产、动力、起重、运输、传动和医疗、实验等各种需要安装的机电设备、专用设备、仪器仪表等设备的安装费；②工艺、供热、供电、给排水、通风空调、净化及除尘、自控、电信等管道、管线、电缆等的材料费和安装费；③设备和管道的保温、绝缘、防腐，设备内部的填充物等的材料费和安装费。

（2）估算方法。安装工程费通常是根据行业或专门机构发布的安装工程定额、取费标准进行估算。具体计算可按安装费费率、每吨设备安装费指标或每单位安装实物工程量费用指标进行估算。计算公式为：

安装工程费=设备原价×安装费费率

或

安装工程费=设备吨位×每吨设备安装费指标

或

安装工程费=安装工程实物量×每单位安装实物工程量费用指标

附属管道量大的项目，还应单独估算并列出管道费用。某项目安装工程费估算表见表 2. 2. 5。

表 2. 2. 5 某项目安装工程费估算表

序号	安装工程名称	设备原价（万元）	安装费率（%）	管道、材料费（万元）	安装工程费（万元）
1	设备工程				1 957
1. 1	工艺设备	14 362	8		1 149
1. 2	通风设备	860	10		86
1. 3	自控设备	3 000	7		210
1. 4	培育室设备	400	3		12
1. 5	化验检测仪器	976	1		10
1. 6	机修、电修设备	600	5		30
1. 7	综合动力设备	3 950	10		395
1. 8	消防设备	240	12		29
1. 9	污水处理设备	300	12		36
2	管线工程				1 180

续表 2.2.5

序号	安装工程名称	设备原价（万元）	安装费率（%）	管道、材料费（万元）	安装工程费（万元）
2.1	供水管道			210	210
2.2	排水管道			300	300
2.3	变配电线路			120	120
2.4	通信线路			100	100
2.5	厂区动力照明			450	450
	合计				3 137

汇总表 2.2.2~表 2.2.5，某项目建设工程费=建筑工程费+设备购置费+安装工程费=125 908+27 674+37 154+3 137=193 873（万元）。

（五）工程建设其他费用估算

工程建设其他费用是指建设投资中除建筑工程费、设备购置费、安装工程费以外，为保证工程建设顺利完成和交付使用后能够正常发挥效用而发生的各项费用，某项目工程建设其他费用估算如表 2.2.6 所示。

表 2.2.6 某项目工程建设其他费用估算表

序号	费用名称	计算依据	费率或标准	总计（万元）
1	土地使用权费	用地面积		4 398
2	建设管理费	工程费用		9 306
3	前期工作费	工程费用		1 939
4	勘察设计费	工程费用		5 816
5	工程保险费	工程费用		582
6	联合试运转费	工程费用		969
7	专利费	专利转让协议		2 400
8	人员培训费	项目定员 180 人	2 000 元/人	36
9	人员提前进厂费	项目定员 180 人	5 000 元/人	90
10	办公及生活家具购置费	项目定员 180 人	1 000 元/人	18
	合计			25 554

1. 建设用地费用

建设项目要取得其所需土地的使用权，必须支付土地征收及迁移补偿费或土地使用权出让（转让）金或租用土地使用权的费用。

（1）征地补偿费。建设项目通过划拨方式取得土地使用权的，依照《中华人民共和国土地管理法》等法规所应支付的费用，其内容包括：①土地补偿费；②安置补助费；③地上附着物和青苗补偿费；④征地动迁费，包括征收土地上房屋及附属构筑物、城市公共设施等拆除、迁建补偿费、搬迁运输费，企业单位因搬迁造成的减产、停产损失补贴费、拆迁管理费等；⑤被征地农民社会保障补贴费；⑥安置房建设或货币化安置费；⑦其他税费，包括按规定一次性缴纳的耕地占用税、分年缴纳的城镇土地使用税在建设期支付的部分、征地管理费，征收城市郊区菜地按规定应缴纳的新菜地开发建设基金，以及土地复耕费等。

项目投资估算中对以上各项费用应按照国家和地方相关规定标准计算。

（2）土地使用权出让（转让）金。土地使用权出让（转让）金是指通过土地使用权出让（转让）方式，使建设项目取得有限期的土地使用权，依照《中华人民共和国城镇国有土地使用权出让和转让暂行条例》的规定，支付的土地使用权出让（转让）金。

（3）在建设期采用租用的方式获得土地使用权所发生的租地费用，以及建设期临时用地补偿费。

2. 建设管理费

建设管理费依据财政部《关于印发〈基本建设项目建设成本管理规定〉的通知》财建〔2016〕504 号文件进行计算。项目建设管理费总额控制数费率见表 2.2.7。

表 2.2.7　项目建设管理费总额控制数费率表

工程总投资（万元）	费率（%）	算例	
		工程总投资（万元）	项目建设管理费（万元）
1 000 以下	2.0	1 000	1 000×2% = 20
1 001～5 000	1.5	5 000	20+（5 000−1 000）×1.5% = 80
5 001～10 000	1.2	10 000	80+（10 000−5 000）×1.2% = 140
10 001～50 000	1.0	50 000	140+（50 000−10 000）×1% = 540
50 001～100 000	0.8	100 000	540+（100 000−50 000）×0.8% = 940
100 000 以上	0.4	200 000	940+（200 000−100 000）×0.4% = 1 340

3. 前期工作咨询费

编制和评估项目建议书或者可行性研究报告，以及其他与建设项目前期工作有关的咨询等业务收取的费用。收费实行市场调节价，常用收费参考文件为《国家计委关于印发建设项目前期工作咨询收费暂行规定的通知》计价格〔1999〕1283 号和《关于转发国家计委〈关于印发建设项目前期工作咨询收费暂行规定的通知〉的通知》川价字费（2000）35 号。前期工作咨询费收费参考表 2.2.8，按估算投资额分档收费的调整系数见表 2.2.9。

表 2.2.8　前期工作咨询费收费参考（万元）

咨询评估项目	估算投资额						
	0～1 000 万元	1 000 万元～3 000 万元	3 000 万元～1 亿元	1 亿元～5 亿元	5 亿元～10 亿元	10 亿元～50 亿元	50 亿元以上
一、编制项目建议书	1.5～2.5	2.5～5.0	6～14	14～37	37～55	55～100	100～125
二、编制可行性研究报告	2.5～4.5	4.5～10	12～28	28～75	75～110	110～200	200～250

续表 2.2.8

咨询评估项目	估算投资额						
	0~ 1 000 万元	1 000 万元~ 3 000 万元	3 000 万元~ 1 亿元	1 亿元~ 5 亿元	5 亿元~ 10 亿元	10 亿元~ 50 亿元	50 亿元 以上
三、评估项目建议书	0.8~1.5	1.5~3.0	4~8	8~12	12~15	15~17	17~20
四、评估可行性研究报告	1~2	2~4	5~10	10~15	15~20	20~25	25~35

表 2.2.9 按建设项目估算投资额分档收费的调整系数

序号	行业	调整系数 （以表 2.2.8 所列收费标准为 1）
一	行业调整系数	
1	石化、化工、钢铁	1.3
2	石油、天然气、水利、水电、交通（水运）、化纤	1.2
3	有色、黄金、纺织、轻工、邮电、广播电视、医药、煤炭、火电（含核电）、机械（含船舶、航空、航天、兵器）	1.0
4	林业、商业、粮食、建筑	0.8
5	建材、交通（公路）、铁道、市政公用工程	0.7
二	工程复杂程度调整系数	0.8~1.2

4. 工程造价咨询费

收费实行市场调节价。常用收费参考当地相关收费标准，如四川参考《四川省物价局、建设厅关于〈工程造价咨询服务收费标准〉的通知》（川价发〔2008〕141 号），具体工程造价咨询费收费参考见表 2.2.10。

表 2.2.10 工程造价咨询费收费参考

序号	收费项目	收费基数	收费率（‰）					
			≤100 万元	≤500 万元	≤1 000 万元	≤5 000 万元	≤1 亿元	>1 亿元
1	投资估算	投资额	1	0.8	0.6	0.4	0.2	0.1
2	可行性经济评价	投资额	2.5	2.3	2	1.7	1.5	1.3
3	编制工程设计概算	投资额	1.5	1.3	1.2	1	0.8	0.6
4	编制工程预算［招标控制价（最高投标限价）或标底］	工程造价	3.2	3	2.8	2.6	2.3	2
5	编制竣工结算	工程造价	3.5	3.2	3	2.7	2.5	2
6	编制工程量清单或审核	工程造价	4	3.8	3.6	3.3	3	2.7
7	审核工程设计概算	送审工程造价	1.6	1.4	1.3	1.1	0.9	0.7

续表 2.2.10

序号	收费项目	收费基数	收费率（‰）					
			≤100万元	≤500万元	≤1 000万元	≤5 000万元	≤1 亿元	>1 亿元
8	审核工程预算 ［招标控制价（最高投标限价）或标底］	送审工程造价	3.6	3.4	3.2	3	2.8	2.6
9	审核竣工结算	送审工程造价	5	4.8	4.6	4.4	4	3.5
10	钢筋抽筋及预埋铁件计算	元/t	12					
11	施工阶段全过程造价控制	投资额	13	12	11	10	9	7
11.1	设计变更经济分析	投资额	1.4	1.2	1	0.8	0.6	0.2
11.2	合同造价条款变更、管理	投资额	1.6	1.4	1.2	1	0.8	0.3
11.3	预付款、进度款、变更款、索赔款审核	投资额	7.8	7.5	7.2	6.9	6.6	5.9
11.4	材料、设备价咨询	投资额	2.2	1.9	1.6	1.3	1	0.6
12	工程造价争议鉴定	鉴定标准（%）	2月3日					
13	常年造价咨询顾问	元/（人·年）	30 000~50 000					
14	计时咨询		持有注册造价工程师、造价员资格证书人员					
14.1	教授级高级工程师	元/日	1 500~2 000					
14.2	高级工程师	元/日	1 200~1 500					
14.3	工程师	元/日	1 000~1 200					
15	造价信息咨询							
15.1	咨询工程造价	元/数据	20~100					
15.2	建材价格行情	元/数据	10月20日					
15.3	建材供求信息	元/条	100~400					

5. 研究试验费

研究试验费是指为建设项目提供或验证设计数据、资料等进行必要的研究试验以及按照设计规定在建设过程中必须进行试验、验证所需的费用。研究试验费应按照研究试验内容和要求进行估算。根据方案中提出的具体研究试验项目，按研究试验内容和要求计列费用，或按需求以工程费用的 0.1%~0.3%进行估算。

6. 工程勘察设计费

工程勘察设计费包括工程勘察费和工程设计费，收费实行市场调节价。常用收费参考为《国家计委、建设部关于发布〈工程勘察设计收费管理规定〉的通知》（计价格〔2002〕10号）。

（1）工程勘察费。通用工程勘察收费按照下列公式计算：

工程勘察收费=工程勘察收费基准价×(1±浮动幅度值)

工程勘察收费基准价=工程勘察实物工作收费+工程勘察技术工作收费

工程勘察实物工作收费=工程勘察实物工作收费基价×实物工作量×附加调整系数

工程勘察技术工作收费=工程勘察实物工作收费×技术工作收费比例

估算阶段可以工程费用为计费基础，按下式计算：

工程勘察费=工程费用×(0.8~1.1)%

（2）工程设计费。工程设计收费按照下列公式计算：

工程设计收费=工程设计收费基准价×(1±浮动幅度值)

工程设计收费基准价=基本设计收费+其他设计收费

基本设计收费=工程设计收费基价×专业调整系数×工程复杂程度调整系数×附加调整系数

工程设计费收费基价参考表2.2.11。

表2.2.11　工程设计费收费基价

单位：万元

序号	计费额	收费基价
1	200	9.0
2	500	20.9
3	1 000	38.8
4	3 000	103.8
5	5 000	163.9
6	8 000	249.6
7	10 000	304.8
8	20 000	566.8
9	40 000	1 054.0
10	60 000	1 515.2
11	80 000	1 960.1
12	100 000	2 393.4
13	200 000	4 450.8
14	400 000	8 276.7
15	600 000	11 897.5
16	800 000	15 391.4
17	1 000 000	18 793.8
18	2 000 000	34 948.9

注：计费额大于2 000 000万元的，以计费额乘以1.6%的收费率计算收费基价。

7. 招标代理费

招标代理费收费实行市场调节价。常用收费参考文件为《国家计委关于印发〈招标代理服务收费管理暂行办法〉的通知》（计价格〔2002〕1980号）和《国家发展改革委关于降低部分建设项目收费标准规范收费行为等有关问题的通知》（发改价格〔2011〕534号）。招标代理费收费参考表2.2.12。

表2.2.12 招标代理费收费参考

中标金额	费率（%）		
	货物招标	服务招标	工程招标
100万元以下	1.5	1.5	1.0
100万元~500万元	1.1	0.8	0.7
500万元~1 000万元	0.8	0.45	0.55
1 000万元~5 000万元	0.5	0.25	0.35
5 000万元~1亿元	0.25	0.1	0.2
1亿元~5亿元	0.05	0.05	0.05
5亿元~10亿元	0.035	0.035	0.035
10亿元~50亿元	0.008	0.008	0.008
50亿元~100亿元	0.006	0.006	0.006
100亿元以上	0.004	0.004	0.004

8. 工程监理费

工程监理费收费实行市场调节价。常用收费参考文件为《国家发展改革委、建设部关于印发〈建设工程监理与相关服务收费管理规定〉的通知》（发改价格〔2007〕670号）。工程监理费收费参考表2.2.13。

表2.2.13 工程监理费收费参考

单位：万元

序号	计费额	收费基价
1	500	16.5
2	1 000	30.1
3	3 000	78.1
4	5 000	120.8
5	8 000	181.0
6	10 000	218.6
7	20 000	393.4
8	40 000	708.2
9	60 000	991.4
10	80 000	1 255.8
11	100 000	1 507.0

续表 2.2.13

序号	计费额	收费基价
12	200 000	2 712.5
13	400 000	4 882.6
14	600 000	6 835.6
15	800 000	8 658.4
16	1 000 000	10 390.1

9. 环境影响评价费

环境影响评价费包括编制和评估环境影响报告书（含大纲）、环境影响报告表等所需费用。收费实行市场调节价，参考文件为《关于规范环境影响咨询收费有关问题的通知》（计价格〔2002〕125 号）。环境影响评价费收费参考表 2.2.14。

表 2.2.14 环境影响评价费收费参考

咨询服务项目	估算投资额（亿元）					
	0.3 以下	0.3~2	2~10	10~50	50~100	100 以上
编制环境影响报告书（含大纲）	5~6	6~15	15~35	35~75	75~110	110
编制环境影响评价报告表	1~2	2~4	4~7	7 以上	7 以上	7 以上
评估环境影响评价报告书（含大纲）	0.8~1.5	1.5~3	3~7	7~9	9~13	13 以上
评估环境影响报告表	0.5~0.8	0.8~1.5	1.5~2	2 以上	2 以上	2 以上

10. 场地准备及临时设施费

新建项目应根据实际工程量估算，或按工程费用的比例计算。改、扩建项目一般只计拆除清理费。具体费率按照部门或行业的规定执行。新建项目的场地准备及建设单位临时设施费按预设方案和预测工程量估算，或按下式计算：

场地准备及临时设施费=工程费用×（0.5~2.0)%

11. 工程保险费

工程保险费是为转移工程项目建设的意外风险，在建设期内对建筑工程、安装工程、机械设备和人身安全进行投保而发生的费用。工程保险费率按照保险公司的规定或行业规定执行。

工程保险费是根据拟投保方案测算或按下式计算：

工程保险费=工程费用×（0.3~0.6)%

12. 行政事业性收费

（1）城市基础设施配套费，按项目所在地人民政府规定标准估算，如四川省参考《成都市市级城市基础设施配套费征收管理办法》（成住建发〔2019〕175 号）。

（2）人民防空地下室易地建设费，按项目所在地人民政府规定标准估算，如四川省参考《关于进一步规范防空地下室易地建设费的通知》（川发改价格〔2016〕650 号）、《成都市人民防空办公室 成都市发改委 成都市财政局关于印发〈成都市防空地下室易地建设费征收管理办法〉的通知》（成防办发〔2020〕18 号）、《成都市人民防空办公室关于印发〈成都市防空地下室应建面积计算标准〉的通知》（成防办发〔2020〕19 号）等。

13. 联合试运转费

联合试运转费测算方法依次为：

（1）编制费用测算明细清单。

联合试运转费=费用支出-费用收入≥0

（2）费率估算。一般根据不同性质的项目，按需要试运转车间的工艺设备购置费的百分比估算。具体费率按照部门或行业的规定执行。一般取 1.0%~1.5%。

联合试运转费=专业工程费用或专业设备购置费×（1.0~1.5)%

14. 专利及专有技术使用费

专利及专有技术使用费按专利使用许可协议和专有技术使用合同确定的数额估算。

15. 生产准备费

生产准备费根据需要培训和提前进厂人员的人数及培训时间按生产准备费指标计算。新建项目以可行性研究报告定员人数为计算基数，改、扩建项目以新增定员为计算基数。具体费用指标按照部门或行业的规定执行。

16. 办公及生活家具购置费

该项费用按照项目定员人数乘以费用指标估算。具体费用指标按照部门或行业的规定执行。

17. 工程检测费

按项目所在地人民政府规定标准估算，如成都市可采用《关于规范全市建设工程项目概算编制中检测费用计列的通知》。

18. 其他专项费用

（1）文物勘探发掘。文物勘探发掘费（地下文物调查勘探试掘）是指文物考古单位为科学研究可配合建设工程及其他动土工程进行考古调查、勘探和考古发掘而收取的费用。文物勘探发掘费的收费依据为国家文物局《关于颁发〈考古调查、勘探、发掘经费预算定额管理办法〉的通知》[（1990）文物字第 248 号]。

文物勘探发掘费=按勘探用地面积单价×调整系数×增值税

（2）水土保持方案编制费。该费用收费实行市场调节价。常用收费参考为《关于开发建设项目水土保持咨询服务费用计列的指导意见》（水保监〔2005〕22 号）。水土保持方案编制费计列标准见表 2.2.15。

表 2.2.15　水土保持方案编制费计列标准

主体土建投资（亿元）	0.5	1.0	2.0	3.0	4.0	5.0	6.0	7.0	8.0	9.0	10.0
方案编制费（万元）	30	52	72	82	95	104	116	119	132	156	171
主体土建投资（亿元）		11.0	12.0	13.0	14.0	15.0	16.0	17.0	18.0	19.0	20.0
方案编制费（万元）		185	200	220	230	245	259	270	290	320	350

（3）节能评估费。该项费用收费实行市场调节价，具体可参考前期工作咨询费收取。

（4）劳动安全预评价费。劳动安全预评价费收费可参考《建设项目（工程）劳动安全卫生监察规定》（劳动部令第3号）、《建设项目工程劳动安全卫生预评价管理办法》（劳动部令第10号）、住建部《关于印发〈市政工程设计概算编制办法〉的通知》（建标〔2011〕1号），按下式计算：

劳动安全卫生预评价=工程费用×（0.1~0.5）%

评价大纲可取0.1%~0.2%，预评价报告书可取0.4%~0.5%。

（5）职业病危害评价费。该项费用按项目所在地人民政府的相关规定估标。如四川省收费可参考四川省物价局《关于我省建设项目职业病危害评价收费有关问题的函》（川价函〔2005〕7号），参见表2.2.16。

表2.2.16　建设项目职业病危害预评价、控制效果评价收费标准

可能产生职业病危害的建设投资总额	预评价	控制效果评价	合计
<500万元	2‰	3‰	5‰
500万元~1 000万元	0.7万元~1.5万元	1.3万元~2.5万元	2万元~4万元
1 000万元~2 000万元	1.5万元~2.5万元	2.5万元~4.5万元	4万元~7万元
2 000万元~5 000万元	2.5万元~5万元	4.7万元~10万元	7万元~15万元
5 000万元~1亿元	5万元~8万元	10万元~17万元	15万元~25万元
1亿元~5亿元	8万元~30万元	17万元~70万元	25万元~100万元
5亿元~20亿元	30万元~70万元	70万元~130万元	100万元~200万元
>20亿元	0.2‰	0.2‰	0.4‰
放射性建设项目的预评价和控制效果评价之和不足8 000元的按8 000元计收			

注：1. 表中收费标准含评价服务所需的差旅费、劳务费、检验检测费、评价报告。

2. 表中收费标准不含出国开展类比调查的有关费用。

（六）预备费估算

1. 基本预备费

基本预备费是指在项目实施中可能发生但在项目决策阶段难以预料的支出，需要事先预留的费用，又称工程建设不可预见费。基本预备费以工程费用和工程建设其他费用之和为基数，按部门或行业主管部门规定的基本预备费费率估算，计算公式为：

基本预备费=（工程费用+工程建设其他费用）×基本预备费费率

如上述项目参照有关行业规定，基本预备费费率取10%。

则前述该项目基本预备费=（193 873+25 554）×10%=21 943（万元）。

2. 涨价预备费

涨价预备费是对建设工期较长的项目，由于在建设期内可能发生材料、设备、人工、机械台班等价格上涨引起投资增加而需要事先预留的费用，也称价格变动不可预见费。

涨价预备费以分年的工程费用为计算基数，按下式计算：

$$PC = \sum_{t=1}^{n} I_t[(1+f)^t - 1]$$

式中，PC——涨价预备费；

I_t——第 t 年的工程费用；
f——建设期价格上涨指数；
n——建设期；
t——年份。

某项目的工程费用为 193 873 万元，项目建设期为 2 年，按项目进度计划，工程费用使用比例第 1 年为 40%，第 2 年为 60%；建设期价格上涨指数参照有关行业规定取 4%，该项目涨价预备费为：

第一年涨价预备费 = 193 872×40%×[(1+4%)−1] = 3 102（万元）

第二年涨价预备费 = 193 872×60%×[(1+4%)^2−1] = 9 492（万元）

该项目涨价预备费 = 3 102+9 492 = 12 594（万元）。

《建设项目投资估算编审规程》CECA/GC 1 中的价差预备费公式如下：

$$P = \sum_{t=1}^{n} I_t[(1+f)^m(1+f)^{0.5}(1+f)^{t-1} - 1]$$

式中：P——价差预备费；
n——建设期年份数；
I_t——建设期第 t 年的投资计划额，包括工程费用、工程建设其他费用及基本预备费，即第 t 年的静态投资计划额；
f——投资价格指数；
t——建设期第 t 年；
m——建设前期年限从编制概算到开工建设年数。

以某项目为例，按此公式计算项目涨价预备费为：

第一年涨价预备费 = 241 369×40%×[(1+4%)^0×(1+4%)$^{0.5}$×(1+4%)^0−1] = 1 912（万元）。

第二年涨价预备费 = 241 369×60%×[(1+4%)^1×(1+4%)$^{0.5}$×(1+4%)^1−1] = 14 919（万元）。

该项目涨价预备费 = 1 912+14 919 = 16 831（万元）。

两者计算结果有所差异，主要原因为：①考虑基数不同，一个为工程费，另一个为静态总投资；②测算时间节点不同，一个为每年底，另一个为年中计费。应根据项目实际选用计算方法，常用为第一种。

（七）建设期利息估算

1. 建设期利息估算的前提条件

（1）建设投资估算及其分年投资计划；

（2）确定项目资本金（注册资本）数额及其分年投入计划；

（3）确定项目债务资金的筹措方式及债务资金成本率（银行贷款利率或企业债券利率及发行手续费率等）。

2. 建设期利息的估算方法

估算建设期利息应按有效利率计息，如融资协议签订利率、银行基准利率、贷款市场报价利率 *LPR*。项目在建设期内如能用非债务资金按期支付利息，应按单利计息；在建设期内如不支付利息，或用贷支付利息应按复利计息。

项目评价中对借款额在建设期各年年内按月、按季均衡发生的项目，为了简化计算，通常假设借款发生当年均在年中使用，按半年计息，其后年份按全年计息。对借款额在建设期各年年初发生的项目，则应按全年计息。

建设期利息的计算要根据借款在建设期各年年初发生或者在各年年内均衡发生，采用不同的计算公式。

（1）借款额在建设期各年年初发生，建设期利息 Q 的计算公式为：

$$Q=\sum_{t=1}^{n}[(P_{t-1}+A_t)\times i]$$

（2）借款额在建设期各年年内均衡发生，建设期利息 Q 的计算公式为：

$$Q=\sum_{t=1}^{n}\left[\left(P_{t-1}+\frac{A_t}{2}\right)\times i\right]$$

式中：Q——建设期利息；

P_{t-1}——按单利计息，为建设期第 $t-1$ 年末借款累计，按复利计息，为建设期第 $t-1$ 年末借款本息累计；

A_t——建设期第 t 年借款额；

i——借款年利率；

t——年份。

仍以某项目为例（表 2.2.17）。

表 2.2.17　某项目分年资金投入计划

单位：万元

序号	工程或费用名称	计算期		合计
		第 1 年	第 2 年	
1	建设投资	123 786	130 176	253 962
1.1	工程费用	96 936	96 936	193 872
1.2	工程建设其他费用	12 777	12 777	25 554
1.3	基本预备费	10 971	10 971	21 942
1.4	涨价预备费	3 102	9 492	12 594
2	用于建设投资的资本金	44 324	50 714	95 038
3	建设投资借款	79 462	79 462	158 924

该项目建设投资借款在各年内均衡发生，并用项目资本金按期支付建设期利息，年利率为 5%，每年计息一次，则建设期利息为：

第一年：$Q_1=\frac{79\ 462}{2}\times 5\%=1\ 987$（万元）。

第二年：$Q_2=\left(79\ 462+\frac{79\ 462}{2}\right)\times 5\%=5\ 960$（万元）。

建设期利息为 $Q_1+Q_2=7\ 947$（万元）。

（八）流动资金估算

流动资金是指项目运营期内长期占用并周转使用的营运资金，不包括运营中临时性需要的资金。流动资金估算可按行业要求或前期研究的不同阶段选用扩大指标估算法估算或分项详细估算法估算。

1. 扩大指标估算法

扩大指标估算法简便易行，但准确度不如分项详细估算法，在项目初步可行性研究阶段可采用扩大指标估算法。某些流动资金需要量小的行业项目或非制造业项目在可行性研究阶段也可采用扩大指标估算法。

扩大指标估算法是参照同类企业流动资金占营业收入的比例（营业收入资金率）或流动资金占经营成本的比例（经营成本资金率）或单位产量占用流动资金的数额来估算流动资金，计算公式分别为：

$$流动资金=年营业收入额\times营业收入资金率$$

或

$$流动资金=年经营成本\times经营成本资金率$$

或

$$流动资金=年产量\times单位产量占用流动资金额$$

2. 分项详细估算法

分项详细估算法工作量较大，准确度较高，一般项目在可行性研究阶段应采用此方法。分项详细估算法是对流动资产和流动负债主要构成要素，即存货、现金、应收账款、预付账款、应付账款、预收账款等项内容分项进行估算，最后得出项目所需的流动资金数额。计算公式为：

$$流动资金=流动资产-流动负债$$

$$流动资产=应收账款+预付账款+存货+现金$$

$$流动负债=应付账款+预收账款$$

$$流动资金本年增加额=本年流动资金-上年流动资金$$

流动资金估算的具体步骤：首先确定各分项的最低周转天数，计算出各分项的年周转次数，然后分项估算占用资金额。

（1）各类流动资产和流动负债的最低周转天数参照同类企业的平均周转天数并结合项目特点确定，或按部门（行业）规定执行。

$$年周转次数=\frac{360天}{最低周转天数}$$

（2）流动资产估算。流动资产是指可以在1年或者超过1年的一个营业周期内变现或耗用的资产，主要包括货币资金、短期投资、应收及预付款项、存货待摊费用等。为简化计算，仅考虑存货、应收账款和现金三项，可能发生预付账款的某些项目，还可包括预付账款。

1）存货估算。存货是指企业在日常生产经营过程中持有以备出售，或者仍然处在生产过程中，或者在生产或提供劳务过程中即将消耗的材料或物料等，包括各类材料、商品、在产品、半成品、产成品等。为简化计算，项目评价中仅考虑外购原材料、外购燃料、在产品和产成品，对外购原材料和外购燃料通常需要分品种分项进行计算，按下列公式计算：

$$存货=外购原材料+外购燃料+其他材料+在产品+产成品$$

$$外购原材料=\frac{年外购原材料费用}{外购原材料年周转次数}$$

$$外购燃料=\frac{年外购燃料费用}{外购燃料年周转次数}$$

$$其他材料=\frac{年外购其他材料费用}{外购其他材料年周转次数}$$

$$在产品=\frac{年外购原材料、燃料、动力费+年工资及福利费+年修理费+年其他制造费用}{在产品年周转次数}$$

$$产成品=\frac{年经营成本-年其他营业费用}{产成品年周转次数}$$

2）应收账款估算，按下式计算：

$$应收账款=\frac{年经营成本}{应收账款年周转次数}$$

3）现金估算。项目评价中的现金是指货币资金，即为维持日常生产运营所必须预留的货币资金，包括库存现金和银行存款。项目评价中，现金按下式计算：

$$现金=\frac{年工资及福利费+年其他费用}{现金年周转次数}$$

$$其他费用=制造费用+管理费用+营业费用-(以上三项费用中所含的工资及福利费、折旧费、摊销费、修理费)$$

或

$$其他费用=其他制造费用+其他营业费用+其他管理费用+技术转让费+研究与开发费+土地使用税$$

4）预付账款估算。预付账款是指企业为购买各类原材料、燃料或服务所预先支付的款项。预付账款按下式计算：

$$预付账款=\frac{预付的各类原材料、燃料或服务年费用}{预付账款年周转次数}$$

（3）流动负债估算。流动负债是指将在1年（含1年）或者超过1年的一个营业周期内偿还的债务，包括短期借款、应付账款、预收账款、应付工资、应付福利费、应交税金、应付股利、预提费用等。为简化计算，项目评价中仅考虑应付账款，将发生预收账款的某些项目，还可包括预收账款。

1）应付账款估算。应付账款是因购买材料、商品或接受劳务等而发生的债务，是买卖双方在购销活动中由于取得物资与支付货款在时间上不一致而产生的负债。应付账款按下式计算：

$$应付账款=\frac{年外购原材料、燃料、动力费用和其他材料费用}{应付账款年周转次数}$$

2）预收账款估算。预收账款是买卖双方协议商定，由购买方预先支付一部分货款给销售方，从而形成销售方的负债。预收账款按下式计算：

$$预收账款=\frac{预收的营业收入年金额}{预收账款年周转次数}$$

（九）项目总投资与分年投资计划

1. 项目总投资估算表的编制

按投资估算内容和估算方法估算上述各项投资并进行汇总，编制项目总投资估算表（表 2.2.18）。

表 2.2.18　项目总投资估算表

序号	费用名称	投资额（万元）		估算说明
		合计	其中：外币	
1	建设投资			
1.1	工程费用			
1.1.1	建筑工程费			
1.1.2	安装工程费			
1.1.3	设备购置费			
1.2	工程建设其他费			
1.3	预备费			
1.3.1	基本预备费			
1.3.2	涨价预备费			
2	建设期利息			
3	流动资金			
4	项目总投资（1+2+3）			

2. 分年投资计划表的编制

估算出项目建设投资、建设期利息和流动资金后，应根据项目计划进度的安排，编制分年投资计划表，如表 2.2.19 所示。该表中的分年建设投资可以作为安排融资计划、估算建设期利息的基础。由此估算的建设期利息列入该表。流动资金本来就是分年估算的，可由流动资金估算表转入。分年投资计划表是编制项目资金筹措计划表的基础。

表 2.2.19　分年投资计划表

序号	项目	人民币（万元）			外币（万美元）		
		第 1 年	第 2 年	……	第 1 年	第 2 年	……
1	建设投资						
2	建设期利息						
3	流动资金						
4	项目总投资（1+2+3）						

第三节 经济评价

建设项目经济评价是项目前期工作的重要内容，对于加强固定资产投资宏观调控，提高投资决策的科学化水平，引导和促进各类资源合理配置，优化投资结构，减少和规避投资风险，充分发挥投资效益，具有重要作用。

建设项目经济评价应根据国民经济与社会发展以及行业、地区发展规划的要求，在项目初步方案的基础上，采用科学的分析方法，对拟建项目的财务可行性和经济合理性进行分析论证，为项目的科学决策提供经济方面的依据。

建设项目经济评价内容的选择，应根据项目性质、项目目标、项目投资者、项目财务主体以及项目对经济与社会的影响程度等具体情况确定。对于费用效益计算比较简单，建设期和运营期比较短一般项目，如果财务评价的结论能够满足投资决策需要，可不进行国民经济评价；对于关系公共利益、国家安全及市场不能有效配置资源的经济和社会发展的项目，除应进行财务评价外，还应进行国民经济评价；对于特别重大的建设项目，尚应辅以区域经济与宏观经济影响分析方法进行国民经济评价。

建设项目经济评价的深度，应根据项目决策工作不同阶段的要求确定。建设项目可行性研究阶段的经济评价，应系统分析、计算项目的效益和费用，通过多方案经济比选推荐最佳方案，对项目建设的必要性、财务可行性、经济合理性、投资风险等进行全面的评价。项目规划、机会研究、项目建议书阶段的经济评价可适当简化。

本节主要阐述财务分析和经济分析两项咨询内容。

一、财务分析

（一）财务分析的内容

（1）选择分析方法；

（2）识别财务效益与费用范围；

（3）测定基础数据，估算财务效益与费用；

（4）编制财务分析报表和计算财务分析指标进行财务分析，主要包括盈利能力分析、偿债能力分析和财务生存能力分析；

（5）在对初步设定的建设方案（称为基本方案）进行财务分析后，还应进行盈亏平衡分析和敏感性分析。

（二）财务分析的价格及选取原则

1. 财务分析的价格体系

（1）影响价格变动的因素。影响价格变动的因素很多，可归纳为两类：一是相对价格变动因素，二是绝对价格变动因素。

（2）财务分析涉及的三种价格及其之间的关系。财务分析涉及的价格体系有三种，即固定价格体系（或称为基价体系）、实价体系和时价体系。同时涉及三种价格，即基价、时价和实价。

1）基价，是指以基年价格水平表示的，不考虑其后价格变动的价格，也称为固定价格。一般选择评价当年的年份为基年，也有选择预计的开始建设年份的。

2）时价，顾名思义，是指任何时候的当时市场价格。时价包含了相对价格变动和绝对价格变动的影响，以当时的价格水平表示。以基价为基础，按照预计的各种货物的不同价格上涨率（可称为时价上涨率）分别求出它们在计算期内任何一年的时价。

设基价为 P_b，时价为 P_c，各年的时价上涨率为 c_i，$i=1, 2, \cdots, n$，c_i 可以各年相同，也可以不同，则第 n 年的时价 P_{c_n} 可由下式表示：

$$P_{c_n}=P_b\times(1+c_1)\times(1+c_2)\times\cdots\times(1+c_n)$$

3）实价，是以基年价格水平表示的，只反映相对价格变动因素影响的价格。可以由时价中扣除物价总水平变动的影响来求得实价。

2. 财务分析的取价原则

（1）财务分析应采用预测价格；

（2）现金流量分析原则上应采用实价体系；

（3）偿债能力分析和财务生存能力分析原则上应采用时价体系；

（4）对财务分析采用价格体系的简化。

采用价格体系简化处理的办法如下：①一般在建设期间既要考虑通货膨胀因素，又要考虑相对价格变化，包括对建设投资的估算和对运营期投入产出价格的预测；②项目运营期内，一般情况下盈利能力分析和偿债能力分析可以采用同一套价格，即预测的运营期价格；③项目运营期内，可根据项目和产出的具体情况，选用固定价格（项目运营期内各年价格不变）或实价，即考虑相对价格变化的变动价格（项目运营期内各年价格不同，或某些年份价格不同）；④当有要求或通货膨胀严重时，项目偿债能力分析和财务生存能力分析要采用时价价格体系。

（三）财务现金流量的估算

1. 项目计算期的分析确定

项目计算期是指对项目进行经济评价应延续的年限，是财务分析的重要参数，包括建设期和运营期。

（1）建设期。评价用的建设期是指从项目资金正式投入起到项目建成投产止所需要的时间。项目进度计划中的建设工期是指项目从现场破土动工起到项目建成投产止所需要的时间。

（2）运营期。评价用的运营期应根据多种因素综合确定，包括行业特点、主要装置（或设备）的经济寿命期（考虑主要产出物生命周期、主要装置物理寿命、综合折旧年限定等）等。

2. 营业收入与补贴收入估算

（1）营业收入估算。营业收入是指销售产品或提供服务所取得的收入，通常是项目财务效益的主要部分。对于销售产品的项目，营业收入即为销售收入。在估算营业收入的同时，还要完成相关流转税金的估算。流转税金主要包括增值税、消费税、税金及附加等。

营业收入估算的具体步骤如下：

1）合理确定运营负荷。计算营业收入，首先要正确估计各年运营负荷（或称生产能力利用率、开工率）。运营负荷的确定一般有两种方式：经验设定法，即根据以往项目的经验，结合该项目的实际情况，粗略估算各年的运营负荷，以设计能力的百分数表示。常见的做法是：设定一段低负荷的投产期，以后各年均按达到年设计能力计。营销计划法，通过制定详细的分年营销计划，确定各种产出各年的生产量和商品量。

2）采用市场价格或者成本加适当利润的方式合理确定产品或服务的价格。

3）编制营业收入估算表，以某项目为例，营业收入估算见表 2.3.1 所示。

表 2.3.1　某项目营业收入估算表

序号	项目	年销量（t）	单价（元/t）	运营期					
				3	4	5	6	7	8
	生产负荷（%）			90	100	100	100	100	100
1	营业收入合计（万元）	536 300		114 888	127 653	127 653	127 653	127 653	127 653
1.1	产品 A	330 000	2 094	62 192	69 102	69 102	69102	69 102	69 102
1.2	产品 B	150 000	2 735	36 923	41 025	41 025	41 025	41 025	41 025
1.3	产品 C	50 000	3 419	15 386	17 095	17 095	17 095	17 095	17 095
1.4	产品 D	6 300	684	388	431	431	431	431	431

（2）补贴收入估算。在项目财务分析中，作为运营期财务效益核算的往往是与收益相关的政府补助，主要用于补偿项目建成（企业）以后期间的相关费用或损失。

3. 成本与费用估算

（1）成本与费用的概念。在项目财务分析中，将管理费用、财务费用和营业费用这三项期间费用与生产成本合并为总成本费用。

（2）成本与费用的种类。项目决策分析与评价中，成本与费用按其计算范围可分为单位产品成本和总成本费用；按成本与产量的关系分为固定成本和可变成本；按会计核算的要求有生产成本（或称制造成本）和期间费用；按财务分析的特定要求有经营成本。

（3）成本与费用估算要求。

1）成本与费用的估算，原则上应遵循国家现行的《企业会计准则》和（或）《企业会计制度》规定的成本和费用核算方法，同时应遵循有关税收法规中准予在所得税前列支科目的规定。当两者有矛盾时，一般应按从税的原则处理。

2）结合运营负荷，分年确定各种投入的数量，注意成本费用与收入的计算口径对应一致。

3）合理确定各项投入的价格，并注意与产出价格体系的一致性。

4）各项费用划分清楚，防止重复计算或低估漏算。

5）成本费用估算的行业性很强，应注意根据项目具体情况增减其构成科目或改变名称，反映行业特点。

(4) 总成本费用估算。总成本费用是指在一定时期(项目评价中一般指一年)为生产和销售产品或提供服务而发生的全部费用。财务分析中总成本费用的构成和计算通常有以下两种方法。

1) 生产成本加期间费用法。

总成本费用=生产成本+期间费用

生产成本=直接材料费+直接燃料和动力费+直接工资或薪酬+其他直接支出+制造费用

期间费用=管理费用+财务费用+营业费用

项目评价中财务费用一般只考虑利息支出,上式可改写为:

期间费用=管理费用+利息支出+营业费用

采用这种方法一般需要先分别估算各种产品的生产成本,然后与估算的管理费用、利息支出和营业费用相加。

2) 生产要素估算法。

总成本费用=外购原材料、燃料及动力费+工资或薪酬+折旧费+摊销费
+修理费+利息支出+其他费用

生产要素估算法是从估算各种生产要素的费用入手,汇总得到项目总成本费用,而不管其具体应归集到哪个产品上。

(5) 经营成本。经营成本的构成可用下式表示:

经营成本=外购原材料费+外购燃料及动力费+工资或薪酬+修理费+其他费用

经营成本与总成本费用的关系如下:

经营成本=总成本费用-折旧费-摊销费-利息支出

财务分析中对流动资金的借款偿还一般设定在计算期最后一年,也可在还完建设投资借款后安排。流动资金借款利息一般按当年年初流动资金借款余额乘以相应的借款年利率计算。

(6) 固定成本与可变成本。固定成本包括工资或薪酬、折旧费、摊销费、修理费和其他费用等,长期借款利息,流动资金借款和短期借款利息。可变成本包括外购原材料、燃料及动力费等。

(7) 维持运营的投资费用。在运营期内发生的固定资产更新费用和矿产资源开发项目的开拓延伸费用等,应计作维持运营的投资费用,并在现金流量表中将其作为现金流出,同时应适当调整相关报表。

(8) 编制成本与费用估算的表格。在分项估算上述各成本费用科目的同时,应编制相应的成本费用估算表,包括总成本费用估算表和各分项成本费用估算表。某项目总成本费用估算见表2.3.2。

表2.3.2 某项目总成本费用估算表(万元)

序号	项目	运营期					
		3	4	5	6	7	8
	生产负荷(%)	90	100	100	100	100	100
1	外购原材料费	25 419	28 244	28 244	28 244	28 244	28 244

续表 2.3.2

序号	项目	运营期					
		3	4	5	6	7	8
2	外购辅助材料	882	980	980	980	980	980
3	外购燃料	6 630	7 366	7 366	7 366	7 366	7 366
4	外购动力	4 723	5 247	5 247	5 247	5 247	5 247
5	职工薪酬	3 400	3 400	3 400	3 400	3 400	3 400
6	修理费	7 860	7 860	7 860	7 860	7 860	7 860
7	其他费用	7 706	7 962	7 962	7 962	7 962	7 962
	其中：其他经营费用	2 298	2 553	2 553	2 553	2 553	2 553
8	经营成本（1+2+3+4+5+6+7）	56 620	61 059	61 059	61 059	61 059	61 059
9	折旧费	37 591	37 591	37 591	37 591	37 591	37 591
10	摊销费	733	733	733	733	733	733
11	利息支出	8 238	7 089	5 863	4 575	3 222	1 802
12	总成本费用合计（8+9+10+11）	103 183	106 473	105 246	103 958	102 605	101 185
其中：可变成本（1+2+3+4+7.1）		39 951	44 390	44 390	44 390	44 390	44 390
固定成本（5+6+7−7.1+9+10+11）		63 231	62 083	60 856	59 568	58 216	56 686

4. 税费估算

（1）注意事项。税金及相关优惠政策会因时而异，部分会因地而异，项目评价时应密切注意当时、当地的税收政策，适时调整计算，使财务分析比较符合实际情况。

（2）财务分析涉及的税费种类和估算要点。

1）增值税。对适用增值税的项目，财务分析应按税法规定计算增值税，并应按照规定正确计算可抵扣增值税。增值税计取方式详见《中华人民共和国增值税暂行条例》。其中抵扣增值税进项税的金额在估算阶段根据工程投资中不同项适用的进项税率进行计算。

2）消费税。我国对部分货物征收消费税。项目评价中涉及适用消费税的产品或进口货物时，应按税法规定计算消费税。

3）土地增值税。土地增值税是按转让房地产（包括转让国有土地使用权、地上的建筑物及其附着物）取得的增值额征收的税种，房地产项目应按规定计算土地增值税。

4）资源税。资源税是国家对开采特定矿产品或者生产盐的单位和个人征收的税种。当前对资源税的征收大多采用从量计征方式，但对原油和天然气等采用从价计征的方式。

5）企业所得税。企业所得税是针对企业应纳税所得额征收的税种，项目评价中依据《企业所得税汇算清缴管理办法》进行计算。

6）城市维护建设税、教育费附加和地方教育附加。此项税费依据《中华人民共和国城市维护建设税法》和国务院关于修改《征收教育费附加的暂行规定》的决定等文件执行。

城市维护建设税=(增值税+营业税+消费税)×税率

纳税人所在地为城市市区的，税率为7%；纳税人所在地为县城、建制镇的，税率为5%；纳税人所在地不在城市市区、县城或建制镇的，税率为1%。

教育费附加=(增值税+营业税+消费税)×税率(3%)

地方教育费附加=(增值税+营业税+消费税)×税率(2%)

7）关税。关税是以进出口应税货物为纳税对象的税种。计算依据是《中华人民共和国进出口关税条例》。

某项目应纳增值税和税金及附加估算见表2.3.3。

表2.3.3 应纳增值税和税金及附加估算表

序号	项目	运营期					
		3	4	5	6	7	8
	生产负荷（%）	90	100	100	100	100	100
1	增值税（万元）						
1.1	产出销项税额（万元）	13 548	14 954	14 954	14 954	14 954	14 954
1.1.1	产品A	8 085	8 983	8 983	8 983	8 983	8 983
1.1.2	产品B	3 323	3 962	3 962	3 962	3 962	3 962
1.1.3	产品C	2 000	2 222	2 222	2 222	2 222	2 222
1.1.4	产品D	50	56	56	56	56	56
1.2	运营投入进项税额（万元）	4 836	5 373	5 373	5 373	5 373	5 373
1.2.1	外购原材料（万元）	3 305	3 672	3 672	3 672	3 672	3 672
1.2.2	外购辅助材料（万元）	115	127	127	127	127	127
1.2.3	外购煤、电、其他动力（万元）	1 283	1 425	1 425	1 425	1 425	1 425
1.2.4	外购新鲜水（万元）	134	149	149	149	149	149
1.3	抵扣增值税进项税（万元）	8 623	9 581	5 130			
1.4	应纳增值税（万元）			4 451	9 581	9 581	9 581
2	税金及附加（万元）			445	958	958	958
2.1	消费税（万元）						
2.2	城市维护建设税（万元）			223	479	479	479
2.3	教育费附加（万元）			134	287	287	287
2.4	地方教育附加（万元）			89	192	192	192

5. 改、扩建项目现金流量分析

（1）投资项目的分类。投资项目可以从不同角度进行分类，按照项目建设性质以及项目与企业原有资产的关系，分为新建项目和改扩建项目；按照项目的融资主体，分为新设法人项目和既有法人项目。既有法人项目，特别是依托现有企业进行改扩建与技术改造的项目（简称为改扩建项目）在效益和费用估算方面有着显著的特点，应予以充分注意。

（2）改、扩建项目的特点。改、扩建项目涉及项目和企业两个层次，“有项目”和“无项目”两个方面。其特点归纳如下：

1）在不同程度上利用了原有资产和资源，以增量调动存量，以较小的新增投入取得较大的效益。

2）原来已在生产，若不改扩建，原有状况也会发生变化，因此，项目效益与费用的识别和计算较新建项目复杂。

3）建设期内建设与生产可能同步进行。

4）项目与企业既有联系，又有区别。既要考察项目给企业带来的效益，又要考察企业整体财务状况。

5）项目的效益和费用可随项目的目标不同而有很大差别，因此其效益可能表现在不同方面。

6）改扩建项目的费用多样，不仅包括新增投资（含原有资产的拆除和迁移费用等）、新增成本费用，还可能包括因改造引起的停减产损失。

（3）项目范围的界定。项目建成后由新设法人承债的项目，项目范围比较明确，就是项目本身涉及的范围；对于原有法人发起的，项目建成后仍由原法人承债的既有法人项目，应认真研究项目与原有企业的关系，合理界定项目范围。项目范围的界定宜采取最小化原则，以能正确计算项目的投入和产出，说明项目给企业带来的效益为限，其目的是易于采集数据，减少工作量。

项目范围界定方法：企业总体改造或虽局部改造但项目的效益和费用与企业的效益和费用难以分开的，应将项目范围界定为企业整体；企业局部改造且项目范围可以明确为企业的一个组成部分，可将项目直接有关的部分界定为项目范围，成为“项目范围内”，企业的其余部分作为“项目范围外”。

（4）效益与费用的数据。

1）涉及的五套数据。对既有法人项目的盈利能力分析要强调“有无对比”，进行增量分析。即通过对“有项目”和“无项目”两种情况效益和费用的比较，求得增量的效益和费用数据，并计算效益指标，作为投资决策的依据。因此可能涉及以下五套数据：

a. “现状”数据，反映项目实施起点时的效益和费用情况，是单一的状态值。现状数据的时点应定在建设期初。若预期建设期初的情况与评价时点不同，应对现状数据进行合理预测。

b. “无项目”数据，指不实施该项目时，在现状基础上考虑计算期内效益和费用的变化趋势（其变化值可能大于、等于或小于零），经合理预测得出的数值序列。

c. “有项目”数据，指实施该项目后计算期内的总量效益和费用数据，是数值序列。

d. 新增数据，是“有项目”相对“现状”的变化额，即有项目效益和费用数据与现状数据的差额，实际上大多要先估算新增数据，例如新增投资，然后加上现状数据得出有项目数据。

e. 增量数据，是“有项目”效益和费用数据与“无项目”效益和费用数据的差额，即“有无对比”得出的数据，是数值序列。

2）五套数据之间的关系。这些数据之间存在一定的关系，现以固定资产数据为例说明各套数据之间的关系：

无项目固定资产价值=原有固定资产价值（现状数据）+无项目追加投资形成固定资产价值

有项目固定资产价值=新增固定资产价值+原有固定资产价值（假设固定资产全部利用）

增量固定资产价值=有项目固定资产价值-无项目固定资产价值-新增固定资产价值

-无项目追加投资形成固定资产价值

若无项目追加投资=0，则：

增量固定资产价值=新增固定资产价值

如果现状为零，无项目也为零，此时：

新增数值=有项目数值现状数值（0）=有项目数值

增量数值=有项目数值-无项目数值（0）=有项目数值

新增数值=增量数值-有项目数值

即：有项目=新项目

3）“无项目”数据是增量分析的关键。“无项目”时的效益由“老产出”产生，费用是为“老产出”投入；“有项目”时的效益可由“新产出”或由“新产出”与“老产出”共同产生；费用是为“新产出”投入，或为“新产出”与“老产出”共同投入。“老产出”的效益与费用在“有项目”与“无项目”时可能会有较大差异。

（5）计算期的确定。“有项目”与“无项目”效益和费用的计算范围和计算期应保持一致。

（6）沉没成本。沉没成本也称沉没费用，是指源于过去的决策所决定的费用，非当前决策所能改变。

在改、扩建项目的决策分析与评价中，沉没费用的概念得到了应用。即在项目增量盈利能力分析中，认为已有资产应作为沉没费用考虑，无论其是否在项目中得到使用。

（7）机会成本。企业资产一旦用于某项目，就同时丧失了用于其他机会（出租、出售等）所可能带来的收入，这损失的收入就是该资产被用于该项目的机会成本。必要时，财务分析中应考虑机会成本。考虑的方式往往是把该机会成本作为无项目时的效益计算。

（四）财务盈利能力分析

1. 动态指标分析

动态指标分析采用现金流量分析方法，在项目计算期内，以相关效益费用数据为现金流量，编制现金流量表，考虑资金时间价值，采用折现方法计算净现值、内部收益率等指标，用以分析考察项目投资盈利能力。现金流量分析又可分为项目投资现金流量分析、项目资本金现金流量分析和投资各方现金流量分析三个层次。项目投资现金流量分析是融资前分析，项目资本金现金流量分析和投资各方现金流量分析是融资后分析。

（1）项目投资现金流量分析。

1）项目投资现金流量识别与报表编制。现金流入主要包括营业收入（必要时还可包括补贴收入），在计算期的最后一年，还包括回收资产余值及回收流动资金。

现金流出主要包括建设投资（含可抵扣增值税进项税）、流动资金、经营成本、税金及附加。如果运营期内需要投入维持运营投资，也应将其作为现金流出。所得税后分析还要将所得税作为现金流出。该所得税应根据不受利息因素影响的息税前利润（EBIT）乘以所得税税率计算，称为调整所得税，也可称为融资前所得税。

2）项目投资现金流量分析的指标。

a. 项目投资财务净现值。项目投资财务净现值是指按设定的折现率 i_c 计算的项目计算期内各年净现金流量的现值之和，是考察项目盈利能力的绝对量指标，反映项目在满足按设定折现率要求的盈利之外所能获得的超额盈利的现值。项目投资财务净现值大于或等于零，表明项目的盈利能力达到或超过了设定折现率所要求的盈利水平，该项目财务效益可以被接受。

b. 项目投资财务内部收益率。项目投资财务内部收益率是指能使项目在整个计算期内各年净现金流量现值累计等于零时的折现率，它是考察项目盈利能力的相对量指标，其表达式为：

$$\sum_{t=1}^{n}(CI-CO)_t(1+FIRR)^{-t}=0$$

式中，*FIRR* 是欲求取的项目投资财务内部收益率。将求得的项目投资财务内部收益率与设定的基准参数（i_c）进行比较，当 $FIRR \geqslant i_c$ 时，即认为项目的盈利性能够满足要求，该项目财务效益可以被接受。

（2）项目资本金现金流量分析。

1）项目资本金现金流量分析是融资后分析。项目资本金现金流量分析指标应该能反映从项目权益投资者整体角度考察盈利能力的要求。

2）项目资本金现金流量识别和报表编制。现金流入包括营业收入（必要时还可包括补贴收入），在计算期的最后一年，还包括回收资产余值及回收流动资金；现金流出主要包括建设投资和流动资金中的项目资本金（权益资金）、经营成本、税金及附加、还本付息和所得税。该所得税应等同于利润表等财务报表中的所得税，而区别于项目投资现金流量表中的调整所得税。如果计算期内需要投入维持运营投资，也应将其作为现金流出（通常可设定维持运营投资由企业自有资金支付）。

3）项目资本金现金流量分析指标。只计算项目资本金财务内部收益率，其表达式和计算方法同项目投资财务内部收益率。项目资本金财务基准收益率应体现项目发起人（代表项目所有权益投资者）对投资获利的最低期望值（也称最低可接受收益率）。当项目资本金财务内部收益率大于或等于该最低可接受收益率时，说明在该融资方案下，项目资本金获利水平超过或达到了要求，该融资方案是可以接受的。

（3）现金流量分析基准参数。现金流量分析指标最重要的基准参数为财务基准收益率。财务基准收益率的确定参考《建设项目经济评价方法与参数（第三版）》中指标数据，或根据行业规定确定。某项目的投资现金流量表见表 2.3.4，项目资本金现金流量表见表 2.3.5。

表 2.3.4　某项目投资现金流量表

序号	项目	建设期		运营期					
		1	2	3	4	5	6	7	8
	生产负荷（%）			90	100	100	100	100	100
1	现金流入（万元）			128 346	142 607	142 607	142 607	142 607	160 988

续表 2.3.4

序号	项目	建设期		运营期					
		1	2	3	4	5	6	7	8
1.1	营业收入（万元）			114 888	127 653	127 653	127 653	127 653	127 653
1.2	销项税额（万元）			13 548	14 954	14 954	14 954	14 954	14 954
1.3	回收资产余值（万元）								8 497
1.4	回收流动资金（万元）								9 883
2	现金流出（万元）	126 981	126 981	70 706	67 065	71 328	76 971	76 971	76 971
2.1	建设投资（万元）	126 981	126 981						
2.2	流动资金（万元）			9 250	633				
2.3	经营成本（万元）			56 620	61 059	61 059	61 059	61 059	61 059
2.4	进项税额（万元）			4 836	5 373	5 373	5 373	5 373	5 373
2.5	应纳增值税（万元）					4 451	9 581	9 581	9 581
2.6	税金及附加（万元）								
2.7	维持运营投资（万元）								
3	所得税前净现金流量（万元）	−126 981	−126 981	57 640	75 542	71 279	65 636	65 636	84 017
4	累计税前净现金流量（万元）	−126 981	−253 962	−196 322	−120 780	−49 501	16 135	81 771	165 788
5	调整所得税（万元）			5 307	7 389	7 277	7 149	7 149	7 177
6	所得税后净现金流量（万元）	−126 981	−126 981	52 333	68 153	64 002	58 487	58 487	76 840
7	累计税后净现金流量（万元）	−126 981	−253 962	−201 629	−133 476	−69 474	−10 987	47 500	124 340

计算指标：
在所得税前（$i=12\%$）：项目投资财务内部收益率 13.59%；项目投资回收期 5.75 年；
项目投资财务净现值 11 753.26 万元。
在所得税后（$i=10\%$）：项目投资财务内部收益率 10.53%；项目投资回收期 6.19 年；
项目投资财务净现值 4 101.82 万元。

所得税前财务内部收益率大于设定的基准收益率 12%，所得税前财务净现值大于零，项目财务效益可接受；所得税后财务内部收益率大于设定的基准收益率 10%，所得税后财务净现值大于零，项目财务效益可接受。

表 2.3.5　项目资本金现金流量表

序号	项目	建设期		运营期					
		1	2	3	4	5	6	7	8
	生产负荷（%）			90	100	100	100	100	100
1	现金流入（万元）			128 346	142 607	142 607	142 607	142 607	160 988
1.1	营业收入（万元）			114 888	127 653	127 653	127 653	127 653	127 653
1.2	销项税额（万元）			13 548	14 954	14 954	14 954	14 954	14 954
1.3	回收资产余值（万元）								8 497
1.4	回收流动资金（万元）								9 883
2	现金流出（万元）	49 506	53 479	98 759	103 539	108 440	114 277	114 616	121 916
2.1	项目资本金（万元）	49 506	53 479	2 775	190				
2.2	长期借款本金偿还（万元）			23 365	24 533	25 759	27 047	28 400	29 820
2.3	流动资金借款本金偿还（万元）								6 918
2.4	借款利息支付（万元）			8 238	7 089	5 863	4 575	3 222	1 802
2.5	经营成本（万元）			56 620	61 059	61 059	61 059	61 059	61 059
2.6	进项税额（万元）			4 836	5 373	5 373	5 373	5 373	5 373
2.7	应纳增值税（万元）					4 451	9 581	9 581	9 581
2.8	税金及附加（万元）					445	958	958	958
2.9	维持运营投资（万元）								
2.10	所得税（万元）			2 926	5 295	5 490	5 684	6 022	6 405
3	净现金流量（万元）	−49 506	−53 479	29 587	39 068	34 167	28 330	27 991	39 072
计算指标：项目资本金财务内部收益率 18.99%。									

项目资本金财务内部收益率大于要求的财务基准收益率 13%，说明项目资本金活力水平超过了要求，财务效益可以接受。

2. 静态指标分析

（1）静态指标。

1）项目投资回收期（P_t）按下式计算：

$$P_t = 累计净现金流量开始出现正值的年份数 - 1 + \frac{上一年累计净现金流量的绝对值}{当年净现金流量}$$

2）总投资收益率。总投资收益率表示总投资的盈利水平，是指项目达到设计能力后正常年份的年息税前利润（*EBIT*）或运营期内年平均息税前利润与项目总投资的比率。按下式计算：

$$总投资收益率=\frac{年息税前利润}{项目总投资}\times100\%$$

$$息税前利润=利润总额+支付的全部利息$$

或

$$息税前利润=营业收入-税金及附加-经营成本-折旧和摊销$$

总投资收益率高于同行业的收益率参考值，表明用总投资收益率表示的盈利能力满足要求。

3）项目资本金净利润率。项目资本金净利润率表示项目资本金的盈利水平，是指项目达到设计能力后正常年份的年净利润或运营期内年平均净利润与项目资本金的比率，按下式计算：

$$项目资本金净利润率=\frac{年净利润}{项目资本金}\times100\%$$

项目资本金净利润率高于同行业的净利润率参考值，表明用项目资本金净利润率表示的盈利能力满足要求。

（2）静态指标分析依据的报表。除投资回收期外，静态指标计算所依据的报表主要是“项目总投资使用计划与资金筹措表”和“利润表”。某项目利润表见表 2.3.6。

表 2.3.6　某项目利润表

序号	项目	运营期					
		3	4	5	6	7	8
	生产负荷（%）	90	100	100	100	100	100
1	营业收入（万元）	114 888	127 653	127 653	127 653	127 653	127 653
2	税金及附加（万元）			445	958	958	958
3	总成本费用（万元）	103 183	106 473	105 246	103 958	102 605	101 185
4	补贴收入（万元）						
5	利润总额（万元）	11 705	21 180	22 407	23 695	25 048	26 468
6	弥补以前年度亏损（万元）						
7	应纳税所得额（万元）	11 705	21 180	22 407	23 695	25 048	26 468
8	所得税（万元）	2 926	5 295	5 602	5 924	6 262	6 617
9	净利润（万元）	8 778	15 885	16 805	17 771	18 786	19 851
	附：息税前利润（万元）	19 943	28 269	27 824	27 311	27 311	27 421
计算指标：总投资收益率 9.69%； 项目资本金净利润 15.02%。							

3. 改、扩建项目盈利能力分析

既有法人改、扩建项目盈利能力分析除了遵循上述报表编制和指标计算的一般性要求外，还应注意以下几个特点：要以增量分析为主、辅以总量分析。

（1）按照“有无对比”原则，直接判定增量数据的前提条件。①项目与老厂界限清晰，例如建设一套新装置，该装置与原有装置没有任何关联，或仅有简单的供料关系，当然还可能利用老厂的水、电、汽等；②作为公司的局部改造项目，涉及范围较少，对其他部分影响很小；③在上述两种情况下，有充分的理由设定投入和产出的现状数据在“无项目”时保持不变，即“无项目”数据等于现状数据；或者投入和产出的无项目数据很容易理清，使得增量数据的确定十分简单。

（2）直接进行增量分析时应注意的问题：

1）新增投资包括新建或扩建装置的投资和对老厂原有设施填平补齐发挥能力为新项目配套的投资，还可能包括为腾出场地必须对原有建构筑物的拆除和还建费用。

2）正确识别增量效益和费用。①如因项目的建设使老厂的生产受到了影响，则停产、减产损失应计为增量费用，作为现金流量表的一项现金流出；②如建设新项目利用了原有企业的资产，而该资产有明确的机会成本，该机会成本是无项目的收入，在直接判定增量数据进行增量分析时应作为增量费用，作为现金流量表的一项现金流出；③直接进行增量盈利能力分析的报表格式与新建项目的财务报表基本相同，只是输入的是增量数据。

（五）偿债能力分析和财务生存能力分析

1. 偿债能力分析

根据借款还本付息计划表数据与利润表以及总成本费用表的有关数据可以计算利息备付率、偿债备付率、资产负债率，各指标的含义和计算要点如下：

（1）利息备付率。利息备付率是指在借款偿还期内的息税前利润与当年应付利息的比值，它从付息资金来源的充裕性角度反映支付债务利息的能力。息税前利润等于利润总额和当年应付利息之和，当年应付利息是指计入总成本费用的全部利息。利息备付率按下式计算：

$$利息备付率=\frac{息税前利润}{应付利息额}$$

利息备付率表示利息支付的保证倍率，对于正常经营的企业，利息备付率至少应当大于1，一般不宜低于2，并结合债权人的要求确定。利息备付率高，说明利息支付的保证度大，偿债风险小；利息备付率低于1，表示没有足够资金支付利息，偿债风险很大。

（2）偿债备付率。偿债备付率是从偿债资金来源的充裕性角度反映偿付债务本息的能力，是指在债务偿还期内，可用于计算还本付息的资金与当年应还本付息额的比值，可用于计算还本付息的资金是指息税折旧摊销前利润（*EBITDA*，息税前利润加上折旧和摊销）减去所得税后的余额；当年应还本付息金额包括还本金额及计入总成本费用的全部利息。

$$偿债备付率=\frac{息税折旧摊销前利润-所得税}{应还本付息额}$$

偿债备付率应分年计算，分别计算在债务偿还期内各年的偿债备付率。偿债备付率表示偿付债务本息的保证倍率，至少应大于1，一般不宜低于1.3，并结合债权人的要求确定。偿债备付率低，说明偿付债务本息的资金不充足，偿债风险大。当这一指标小于1时，表示可用于计算还本付息的资金不足以偿付当年债务。

（3）资产负债率。资产负债率是指企业（或“有项目”范围）的某个时点负债总额同资产总额的比率。项目财务分析中通常按年末数据进行计算，在长期债务还清后的年份可不再计算资产负债率。

2. 财务生存能力分析

财务生存能力分析应结合偿债能力分析进行，对项目的财务生存能力的分析可通过以下相辅相成的两个方面：①分析是否有足够的净现金流量维持正常运营；②各年累计盈余资金不出现负值是财务上可持续的必要条件。

某项目偿债能力分析和财务生存能力分析情况及结果见表 2. 3. 7～表 2. 3. 11。

表 2. 3. 7　财务计划现金流量表

序号	项目	建设期		运营期					
		1	2	3	4	5	6	7	8
0	生产负荷（%）			90	100	100	100	100	100
1	经营活动净现金流量（万元）			63 964	70 880	65 677	59 712	59 374	59 019
1. 1	现金流入（万元）			128 346	142 607	142 607	142 607	142 607	142 607
1. 1. 1	营业收入（万元）			114 888	127 653	127 653	127 653	127 653	127 653
1. 1. 2	销项税额（万元）			13 548	14 954	14 954	14 954	14 954	14 954
1. 1. 3	补贴收入（万元）								
1. 1. 4	其他流入（万元）								
1. 2	现金流出（万元）			64 382	71 727	76 930	82 895	83 233	83 588
1. 2. 1	经营成本（万元）			56 620	61 059	61 059	61 059	61 059	61 059
1. 2. 2	进项税额（万元）			4 836	5 373	5 373	5 373	5 373	5 373
1. 2. 3	税金及附加（万元）					445	958	958	958
1. 2. 4	应纳增值税（万元）					4 451	9 581	9 581	9 581
1. 2. 5	所得税（万元）			2 926	5 295	5 602	5 924	6 262	6 617
2	投资活动净现金流量（万元）	−126 981	−126 981	−9 250	−633				
2. 1	现金流入（万元）								
2. 2	现金流出（万元）	126 981	126 981	9 250	633				
2. 2. 1	建设投资（万元）	126 981	126 981						
2. 2. 2	维持运营投资（万元）								
2. 2. 3	流动资金（万元）			9 250	633				
3	筹资活动净现金流量（万元）	126 981	126 981	−22 353	−30 989	−31 622	−31 622	−31 622	−38 540
3. 1	现金流入（万元）	128 968	132 941	9 250	633				
3. 1. 1	项目资本金投入（万元）	49 506	53 479	2 775	190				

续表 2.3.7

序号	项目	建设期		运营期					
		1	2	3	4	5	6	7	8
3.1.2	维持运营投资（万元）								
3.1.3	建设投资借款（万元）	79 462	79 462						
3.1.4	流动资金借款（万元）			6 475	443				
3.1.5	短期借款（万元）								
3.2	现金流出（万元）	1 987	5 960	31 603	31 622	31 622	31 622	31 622	38 540
3.2.1	各种利息支出（万元）	1 987	5 960	8 238	7 089	5 863	4 575	3 222	1 802
3.2.2	偿还长期借款本金（万元）			23 365	24 533	25 759	27 047	28 400	29 820
3.2.3	偿还流动资金借款本金（万元）								6 918
3.2.4	偿还短期借款本金（万元）								
3.2.5	股利分配（万元）								
4	净现金流量（万元）			32 361	39 258	34 055	28 090	27 752	20 479
5	累计盈余资金（万元）			32 361	71 619	105 674	133 764	161 516	181 995

表 2.3.8 资产负债表

序号	项目	建设期		运营期					
		1	2	3	4	5	6	7	8
1	资产（万元）	128 967	261 908	268 736	270 695	266 426	256 191	245 618	227 883
1.1	流动资产总额（万元）	11 667	23 334	68 486	108 771	142 826	170 916	198 668	219 147
1.1.1	货币资金（万元）			33 287	72 566	106 621	134 711	162 463	182 942
	现金（万元）			926	947	947	947	947	947
	累计盈余资金（万元）			32 361	71 619	105 674	133 764	161 516	181 995
1.1.2	应收账款（万元）			6 828	7 381	7 381	7 381	7 381	7 381
1.1.3	预付账款（万元）								
1.1.4	存货（万元）			5 037	5 490	5 490	5 490	5 490	5 490
1.1.5	其他（万元）	11 667	23 334	23 334	23 334	23 334	23 334	23 334	23 334
1.2	在建工程（万元）	117 300	238 574						
1.3	固定资产净值（万元）			194 933	157 341	119 750	82 158	44 567	6 976

续表 2.3.8

序号	项目	建设期		运营期					
		1	2	3	4	5	6	7	8
1.4	无形及其他资产净值（万元）			5 317	4 583	3 850	3 117	2 383	1 760
2	负债及所有者权益（万元）	128 968	182 446	268 736	270 695	266 536	256 542	246 208	228 684
2.1	流动负债总额（万元）			12 164	22 138	27 268	27 268	27 268	27 268
2.1.1	短期借款（万元）								
2.1.2	应付账款（万元）			3 541	3 934	3 934	3 934	3 934	3 934
2.1.3	预付账款（万元）								
2.1.4	其他（万元）			8 623	18 204	23 334	23 334	23 334	23 334
2.2	建设投资借款（万元）	79 462	79 462	135 559	111 027	85 267	58 220	29 820	
2.3	流动资金借款（万元）			6 475	6 918	6 918	6 918	6 918	
2.4	负债小计（万元）	79 462	79 462	154 198	140 083	119 453	92 406	64 006	27 268
2.5	所有者权益（万元）	49 506	102 984	114 538	130 612	147 083	164 136	182 202	201 416
2.5.1	资本金（万元）	49 506	102 984	105 759	105 949	105 949	105 949	105 949	105 949
2.5.2	资本公积（万元）								
2.5.3	累计盈余公积金（万元）			878	2 466	4 113	5 819	7 625	9 547
2.5.4	累计未分配利润（万元）			7 901	22 197	37 021	52 368	68 628	85 920
	资产负债率（%）			57.38	51.75	44.84	36.07	26.06	11.97

表 2.3.9　借款还本付息计划表

单位：万元

序号	项目	运营期					
		3	4	5	6	7	8
1	借款余额	158 924	135 559	111 027	85 267	58 220	29 820
2	本年借款	—	—	—	—	—	—
3	本年应计利息	7 946	6 778	5 551	4 263	2 911	1 491
4	本年还本付息	31 311	31 311	31 311	31 311	31 311	31 311
	其中：还本	23 365	24 533	25 759	27 047	28 400	29 820
	付息	7 946	6 778	5 551	4 263	2 911	1 491
5	年末借款本息累计	135 559	111 027	85 267	58 220	29 820	0

表 2.3.10 某项目与备付率指标有关的数据

单位：万元

序号	项目	运营期					
		3	4	5	6	7	8
1	本年还本付息	31 311	31 311	31 311	31 311	31 311	31 311
	其中：还本	23 365	24 533	25 759	27 047	28 400	29 820
	付息	7 946	6 778	5 551	4 263	2 911	1 491
2	应付利息额	8 238	7 089	5 863	4 575	3 222	1 802
3	息税前利润	19 943	28 269	27 824	27 311	27 311	27 421
4	折旧	37 591	37 591	37 591	37 591	37 591	37 591
5	摊销	733	733	733	733	733	733
6	所得税	2 926	5 295	5 602	5 924	6 262	6 617

表 2.3.11 某项目利息备付率与偿债备付率指标

项目	运营期					
	3	4	5	6	7	8
利息备付率（%）	2.42	3.99	4.75	5.97	8.48	15.21
偿债备付率（%）	1.75	1.94	1.92	1.90	1.89	1.87

二、经济分析

（一）经济分析概述

1. 经济分析的主要作用

（1）正确反映项目对社会福利的净贡献，评价项目的经济合理性。

（2）合理反映社会资源的配置效率，为政府审批或核准项目提供重要依据。

（3）合理比选和优化方案，为财务效益较差的基础性公益性项目提供制定财务方案的依据。

2. 经济分析的基本方法

（1）遵循项目评价的“有无对比”原则，采用“有无对比”方法识别项目的效益和费用。

（2）采用经济价格（或计算价格），通常以影子价格替代，估算各项效益和费用。

（3）采用费用效益分析或费用效果分析方法，寻求以最小的投入（费用）获取最大的产出（效益或效果）。

3. 经济分析的适用范围

从投资管理角度，现阶段需要进行经济分析的项目可以分为以下几类：

（1）政府预算内投资关系国家安全、国土开发和市场不能有效配置资源的公益性项目和公共基础设施项目、保护和改善生态环境项目、重大战略性资源开发项目。

(2) 政府各类专项建设基金投资的交通运输、农林水利等基础设施、基础产业建设项目。

(3) 利用国际金融组织和外国政府贷款，需要政府主权信用担保的建设项目。

(4) 企业投资建设的涉及国家经济安全，影响生态环境、不可再生资源和公众利益，可能出现垄断，涉及整体布局等公共性问题，需要政府核准的建设项目。主要是产出品不具备实物形态且明显涉及公众利益的无形产品项目，如水利水电、交通运输、市政建设、医疗卫生等公共基础设施项目，以及具有明显外部性影响的有形产品项目，如污染严重的工业项目等。

(5) 法律、法规规定的其他建设项目。

(二) 经济效益与费用的识别与计算

1. 经济效益与费用识别的要求和原则

(1) 全面识别。凡项目对社会经济的贡献，均计为项目的经济效益，包括项目的直接效益和间接效益。

(2) 有无对比。识别项目的经济效益和费用，要从有无对比的角度进行分析，将“有项目”（项目实施）与“无项目”（项目不实施）的情况加以对比，以确定某项效益或费用的存在。

(3) 口径一致。效益与费用识别和计算口径对应一致是正确估算项目净效益的基础，特别是经济分析。

(4) 跨度合理。经济效益与费用识别的时间跨度应足以包含项目所产生的全部重要效益和费用，不仅要分析项目的近期影响，还可能需要分析项目将带来的中期、远期影响。

(5) 有效识别。即有效识别并正确处理“转移支付”，这是经济效益与费用识别的关键。

(6) 边界合理。经济效益与费用的识别应以本国社会成员作为分析对象。

2. 直接效益与直接费用的识别与计算

(1) 直接效益。项目直接效益是指由项目产出（包括产品和服务）带来并在项目范围内计算，体现为生产者和消费者受益的经济效益，一般表现为项目为社会生产提供的物质产品、科技文化成果和各种各样的服务所产生的效益。

(2) 直接费用。项目直接费用是指项目使用社会资源所产生并在项目范围内计算的经济费用，一般表现为投入项目的各种物料、人工、资金、技术以及自然资源而带来的社会资源的消耗。

(3) 转移支付。转移支付主要包括：项目（企业）向政府缴纳的所得税、增值税、消费税等；政府给予项目（企业）的各种补贴；项目向国内银行等金融机构支付的贷款利息和获得的存款利息。

3. 间接效益与间接费用的识别与计算

(1) 间接效益。间接效益是指由项目引起的，在直接效益中没有得到反映的效益，主要包括：人力资本增值、技术扩散、环境改善、产业延伸、乘数效果等。

（2）间接费用。间接费用是指由项目引起的，在直接费用中没有得到反映的费用。通常，项目对生态环境的不利影响是主要的间接费用。

（3）识别说明：①避免重复计算；②调整项目范围；③超大项目处理。

对于超大型的建设项目，如西气东输、南水北调、青藏铁路等，项目外部效果往往体现在对区域经济和宏观经济的影响上，需要专门进行经济影响分析，可适当简化外部效果分析。

4. 投入产出经济价格的确定

（1）投入产出经济价格的含义。投入产出的经济价格是进行项目经济分析专用的计算价格，通常称为影子价格，反映项目投入和产出的资源稀缺程度和真实经济价值，体现市场供求关系和资源合理配置的要求。项目经济分析应采用市场价格作为市场定价货物的影子价格的基础，加上或者减去相应的物流费用作为项目投入或产出的"厂门口"（进厂或出厂）影子价格。

（2）政府调控价格货物（或服务）的经济价格确定。政府调控价格包括政府定价、指导价、最高限价等。这些产品或者服务的价格不能完全反映其真实的经济价值。在经济分析中，往往需要采取特殊的方法测定这些产品或服务的影子价格，包括成本分解法、消费者支付意愿法和机会成本法。

1）成本分解法。成本分解是指某种货物的生产所需要耗费的全部社会资源的价值，包括各种物料、人工、土地等的投入，以及按资金时间价值原理计算的资金回收费用。通过对某种货物的边际成本进行分解并用影子价格进行调整换算，可得到该货物的分解成本。

2）消费者支付意愿法。在完全的市场机制下，市场价格可以正确地反映消费者的支付意愿。应注意在非完全的市场机制下，由于存在政府的价格管制，市场价格可能出现一定程度的扭曲，难以正确地反映消费者支付意愿。

3）机会成本法。在经济分析中，机会成本法也是测定影子价格的重要方法之一。在完全的市场机制下，资源会被出价最高的使用者得到，所以该资源的机会成本应该表现为它的市场价格。

（3）管制产品（服务）影子价格。

1）电价。作为项目的投入时，电力的影子价格可以按成本分解法测定。一般情况下应当按当地的电力供应完全成本口径分解成本定价。

2）水价。作为项目投入时，按后备水源的成本分解定价，或者按照恢复水功能的成本定价。作为项目产出时，水的影子价格按消费者支付意愿或者按消费者承受能力加政府补贴测定。

3）交通运输服务价格。交通运输作为项目投入时，一般情况下按完全成本分解定价。交通运输作为产出品时，经济效益的计算不考虑服务收费收入，而是采取专门的方法，按替代运输量（或转移运输量）和正常运输量的时间节约效益、运输成本节约效益、交通事故减少效益以及诱增运输量的效益等测算。

（4）特殊投入和产出经济价格确定。项目的特殊投入主要包括劳动力、土地和自然资源等，项目的特殊产出主要包括人力资本、生命价值、时间节约和环境价值等，其影子价格需要采取特定的方法确定。

1）人力资本和生命价值的估算。某些项目的产出效果表现为对人力资本、生命延续或疾病预防等方面的影响，如教育项目、医疗卫生和卫生保健项目等，应根据项目的具体情况，测算人力资本增值的价值、可能减少死亡的价值，以及减少疾病增进健康等的价值，并将货币量化结果纳入项目经济费用效益流量表中。

2）时间节约价值的估算。交通运输项目的效果可以表现为时间的节约，需要计算时间节约的经济价值。应按照有无对比的原则分析“有项目”和“无项目”情况下的时间耗费情况，区分不同人群、货物，测算旅客出行时间节约和货物运送时间节约的经济价值。

3）环境价值的估算。环境工程项目的效果表现为对环境质量改善的贡献，可采用相应的环境价值评估方法，估算其经济价值。

（三）经济分析基本方法

1. 项目费用效益分析

（1）经济费用效益分析指标。

1）经济净现值。经济净现值（*ENPV*）是指用社会折现率将项目计算期内各年的经济净效益流量折算到项目建设期初的现值之和，是经济费用效益分析的主要指标。

经济净现值的计算式为：

$$ENPV = \sum_{t=1}^{n} (B - C)_t (1 + i_s)^{-t}$$

式中，B——经济效益流量；

C——经济费用流量；

$(B-C)$——第 t 年的经济净效益流量；

n——计算期，以年计；

i_s——社会折现率。

经济净现值是反映项目对社会经济净贡献的绝对量指标。

项目的经济净现值大于或等于零表示社会经济为拟建项目付出代价后，可以得到符合或超过社会折现率所要求的以现值表示的社会盈余，说明项目的经济盈利性达到或超过了社会折现率的基本要求，从经济效率看，该项目可以被接受。经济净现值越大，表明项目所带来的以现值表示的经济效益越大。

2）经济内部收益率。经济内部收益率（*EIRR*）是指能使项目在计算期内各年经济净效益流量的现值累计等于零时的折现率，是经济费用效益分析的辅助指标。经济内部收益率可由下式表达：

$$\sum_{t=1}^{n} (B - C)_t (1 + EIRR)^{-t} = 0$$

式中，$EIRR$——经济内部收益率，其余符号同前。

经济内部收益率是从资源配置角度反映项目经济效益的相对量指标，表示项目占用的资金所能获得的动态收益率，反映资源配置的经济效率。项目的经济内部收益率大于或等于社会折现率时，表明项目对社会经济的净贡献达到或者超过了社会折现率的要求。

（2）经济费用效益分析报表。经济费用效益分析主要报表是“项目投资经济费用效益流量表”。

辅助报表一般包括建设投资调整估算表、流动资金调整估算表、营业收入调整估算表和经营费用调整估算表。如有要求，也可以编制国内投资经济费用效益流量表。

项目投资经济费用效益流量表用以综合反映项目计算期内各年的按项目投资口径计算的各项经济效益与费用流量及净效益流量，用来计算项目投资经济净现值和经济内部收益率指标。该表的编制与项目的融资方案无关。

（3）编制项目投资经济费用效益流量表的方法。

1）直接计算法。直接进行效益和费用流量的识别和计算，并编制经济费用效益流量表。

a. 识别（包括量化）经济效益和经济费用，包括直接效益、直接费用和间接效益、间接费用。

b. 分析确定各项投入和产出的影子价格，对各项产出效益和投入费用进行估算，同时可以编制必要的辅助表格。

c. 根据估算的效益流量和费用流量，编制项目投资经济费用效益流量表。

d. 对能够货币量化的外部效果，尽可能货币量化，并纳入经济效益费用流量表的间接费用和间接效益；对难以进行货币量化的产出效果，应尽可能地采用其他量纲进行量化；难以量化的，进行定性描述。

e. 采用直接编制经济费用效益流量表方式的项目，其直接效益一般比较复杂，而且与财务效益完全不同，可结合项目目标，视具体情况采用不同方式分别估算。

2）调整计算法。在财务分析项目投资现金流量表基础上调整编制经济费用效益流量表。主要包括效益和费用范围调整和数值调整两方面内容：

a. 益和费用范围调整。识别财务现金流量中属于转移支付的内容，并逐项从财务效益和费用流量中剔除。

作为财务现金流入的国家对项目的各种补贴，应看作转移支付，不计为经济效益流量；作为财务现金流出的，项目向国家支付的大部分税金也应看作转移支付，不计为经济费用流量。对流动资金估算中涉及的不属于社会资源消耗的应收、应付、预收、预付款项和现金部分予以剔除。遵循实际价值原则，不考虑通货膨胀因素，剔除建设投资中包含的涨价预备费。识别项目的外部效果，分别纳入间接效益和间接费用流量。

b. 效益和费用数值调整。鉴别投入和产出的财务价格是否能正确反映其经济价值，对项目的外部效果尽可能货币量化计算。

（4）调整方法。

1）调整直接效益流量。项目的直接效益大多为营业收入。产出需要采用影子价格的，用影子价格计算营业收入。应分析具体供求情况，选择适当的方法确定产出影子价格。出口产品用影子汇率计算外汇价值。重新计算营业收入，编制营业收入调整估算表。

2）调整建设投资。①将建设投资中涨价预备费从费用流量中剔除；②根据具体情况，建设投资中的劳动力可按影子工资计算费用，也可不予调整；③有进口用汇的应按影子汇率换算并剔除作为转移支付的进口关税和进口环节增值税；④建设投资的国内费用中内含的增值税进项税额可根据市场定价的非外贸货物（投入）影子价格定价原则以及各类投入的市场供求情况决定是否剔除，即采用含税价格还是不含税价格，其他费用通常不必调整；⑤应重视建设投资中土地费用的调整；⑥其他的费用一般可认为等同于财务价值，通常不必调整。

3）调整经营费用。经营费用可采取以下方式调整计算：对需要采用影子价格的投入，用影子价格重新计算；对一般投资项目，人工工资可不予调整，即取影子工资换算系数为1；人工工资用外币计算的，应按影子汇率调整；对经营费用中的除原材料和燃料动力费用之外的其余费用，通常可不予调整。

4）调整流动资金。如果财务分析中流动资金是采用扩大指标法估算的，经济分析中可仍按扩大指标法估算，但需要将计算基数调整为以影子价格计算的营业收入或经营费用，再乘以相应的系数估算。如果财务分析中流动资金是按分项详细估算法估算的，在剔除了现金、应收账款、预收账款、预付账款和应付账款后，剩余的存货部分要用影子价格重新分项估算。

5）回收资产余值一般不必调整。

6）识别并估算间接效益和间接费用。按照上述效益和费用范围调整的要求，识别项目的间接效益和间接费用，并尽可能予以货币化估算。

在以上各项调整的基础上编制项目经济费用效益流量表。

2. 项目费用效果分析

（1）费用效果分析概述。费用效果分析是通过对项目预期效果和所支付费用的比较，判断项目费用的有效性和项目经济合理性的分析方法。效果是指项目引起的效应或效能，表示项目目标的实现程度，往往不能或难以货币量化。费用是指社会经济为项目所付出的代价，是可以货币量化计算的。当项目效果不能或难于货币量化时，或货币量化的效果不是项目目标的主体时，在经济分析中可采用费用效果分析方法，并将其结论作为项目投资决策的依据。

（2）费用效果分析的要求与应用条件。

1）费用效果分析的要求。费用效果分析是将费用与效果采取不同的度量方法和度量单位，在以货币度量费用的同时，采用某种非货币单位度量效果。费用效果分析遵循多方案比选原则，通过对各种方案的费用和效果进行比较，选择最优或较好的方案。对单一方案的项目，通常不易直接评价其合理性。

2）备选方案应具备的条件。进行费用效果分析，项目的备选方案应具备以下条件：①备选方案是互斥方案或可转化为互斥方案；②备选方案目标相同，且均能满足最低效果标准的要求，否则不可进行比较；③备选方案的费用可以货币量化，且资金用量不突破预算限额；④备选方案的效果应采用同一非货币单位度量。如果有多个效果，可通过加权的方法处理成用单一度量单位表示的综合效果；⑤备选方案应具有可比的寿命周期。

（3）费用效果分析的基本程序：①确立项目目标，并将其转化为可量化的效果；②拟定各种可以完成任务（达到效果）的方案；③识别和计算各方案的费用与效果；④计算指标，综合比较，分析各方案的优缺点；⑤推荐最佳方案或提出优先采用的次序。

（4）费用估算要点：①费用应包括整个计算期内发生的全部费用；②费用可采用现值或年值表示，备选方案计算期不一致时应采用年值。

（5）效果计量单位的选择。效果可以采用有助于说明项目效能的任何度量单位。

（6）费用效果分析基本指标。

1）费用效果分析基本指标是效果费用比（$R_{E/C}$），即单位费用所达到的效果：

$$R_{E/C}=\frac{E}{C}$$

式中：$R_{E/C}$——效果费用比；

E——项目效果；

C——项目费用。

2）也可以采用费用效果比指标，即单位效果所花费的费用：

$$R_{C/E}=\frac{C}{E}$$

（7）费用效果分析基本方法。

1）最小费用法。当项目目标是明确固定的，即效果相同的条件下，选择能够达到效果的各种可能方案中费用最小的方案。这种满足固定效果寻求费用最小方案的方法称为最小费用法，也称固定效果法。

2）最大效果法。将费用固定，追求效果最大化的方法称为最大效果法，也称固定费用法。

3）增量分析法。当备选方案效果和费用均不固定，且分别具有较大幅度的差别时，应比较两个备选方案之间的费用差额和效果差额，分析获得增量效果所花费的增量费用是否值得，不可盲目选择效果费用比大的方案或者费用效果比小的方案。采用增量分析法时，需事先确定基准指标。如果增量效果超过增量费用，可以选择费用高的方案，否则选择费用低的方案。

如果项目有两个以上的备选方案进行增量分析，应按下列步骤选优：①将方案费用由小到大排队；②从费用最小的两个方案开始比较，通过增量分析选择优胜方案；③将优胜方案与紧邻的下一个方案进行增量分析，并选出新的优胜方案；④重复第三步，直至最后一个方案，最终被选定的优势方案为最优方案。

第三章 设计阶段投资管控咨询

第一节 设计阶段投资管控概述

设计阶段是对项目的规划过程，是对建设意图的全面和详尽的描述过程，是工程建设和工艺技术的灵魂，是项目投资控制的一个关键环节和重点。因此，经济合理的设计，对工程投资的控制具有十分重要的意义。经验表明，正是项目建设全过程中时间最短、投资最少的设计阶段，却对整个工程的投资起着关键作用，对整个工程投资的影响程度达75%~95%，设计阶段的投资管控是建设项目成本的各个阶段管控中的重中之重。

设计阶段投资管控咨询服务包括以下内容：

（1）设计概算的编制与审核；

（2）施工图预算的编制与审核；

（3）设计方案经济分析；

（4）限额设计造价咨询；

（5）设计优化造价咨询。

本指南是基于施工图完成后，按照施工总承包模式发承包，建设单位委托造价咨询企业全过程咨询，施工承包人按图施工，设计变化引起的造价风险全部由发包人承担。因此，全过程咨询单位作为建设单位代理人成为设计阶段投资控制主体。全过程咨询模式有别于传统单项咨询的阶段分割、行业分割等“碎片化现象”，通过全过程咨询单位进行集成化管理，投资控制主体由原来的建设单位向全过程咨询单位转移。

第二节 设计概算

建设项目设计概算是设计文件的重要组成部分，是确定和控制建设项目全部投资的文件，是编制固定资产投资计划、实行建设项目投资包干、签订承发包合同的依据，同时也是签订贷款合同、项目实施全过程造价控制管理以及考核项目经济合理性的依据。

一、基本要求

（1）设计概算应完整反映建设项目设计内容，客观反映工程所在地的建设条件。

（2）设计概算应按概算编制基准期的价格及相关文件进行编制，概算编制基准期根据初步设计图纸签署的日期确定。

（3）设计概算应按照正常的施工组织设计进行编制，并考虑施工现场的自然条件和施工条件。

（4）为了保证投资安排的准确性，提高建设项目投资效益，合理确定建设项目设计概算额度，概算编制单位需严格自审，建设单位复审，对于按规定必须进行概算评审的投资项目，全过程咨询单位应认真、保质保量地配合做好评审工作。

二、工作流程

概算编制流程如图 3.2.1 所示。

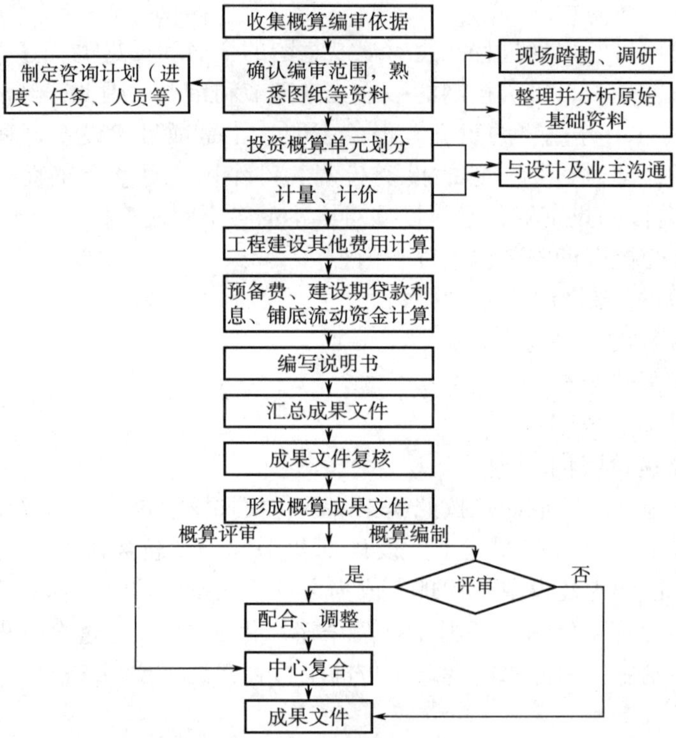

图 3.2.1　概算编制流程图

三、设计概算的组成

概算总投资的构成如图 3.2.2 所示。

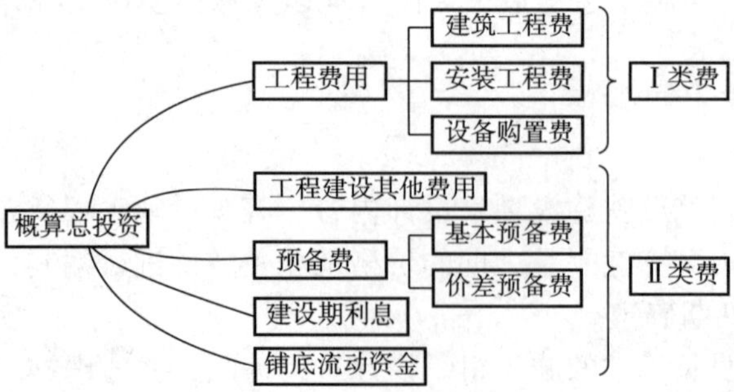

图 3.2.2　概算总投资的构成

概算建筑安装工程费用的构成如图 3.2.3 所示。

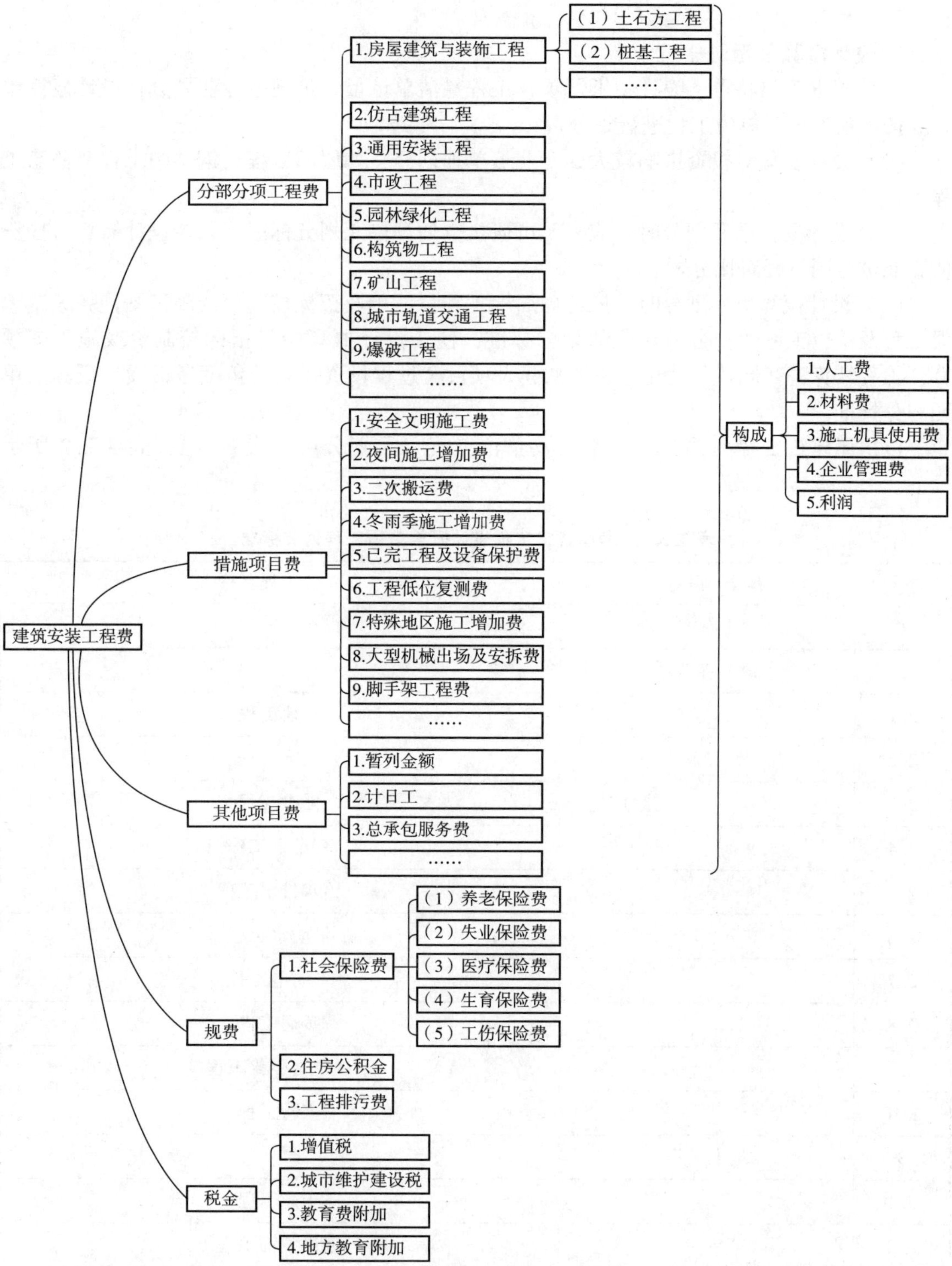

图 3.2.3 建筑安装工程费的构成

四、设计概算编制方法

1. 设计概算单元划分

(1) 根据项目特点、设计图纸子项、工程量清单计量计价规范专业划分，设计概算单元应按单项工程、单位工程进行划分。

(2) 设计变化对投资影响较大的专业可单独划分，如屋面工程、钢结构工程、幕墙工程等。

(3) 设计概算单元划分时，应参照可研投资估算单元划分标准，以便设计概算与投资估算能进行同口径对比分析。

(4) 设计概算单元划分时，应考虑后期工程量清单及招标控制价或施工图预算编制单项工程及单位工程的划分、标段的划分标准，便于设计概算能与招标控制价或施工图预算、工程结算进行同口径对比分析，从建设项目全过程投资控制的角度考虑设计概算的单元划分标准。

以房屋建筑工程为例，单项工程及单位工程单元划分可按表 3.2.1、表 3.2.2 所示标准。

表 3.2.1 房屋建筑工程设计概算单项工程划分标准

序号	单项工程名称	单位工程名称
1	竖向土石方工程	
2	地下室工程	
2.1		土建工程
2.2		装饰工程
2.3		强电工程
2.4		变配电工程
2.5		给水排水工程
2.6		消防水工程
2.7		消防电工程
2.8		暖通工程
2.9		弱电智能化工程
2.10		人防工程
3	地上工程	
3.1		土建工程
3.2		室内装饰工程
3.3		外立面装饰工程

续表 3.2.1

序号	单项工程名称	单位工程名称
3.4		强电工程
3.5		给水排水工程
3.6		消防水工程
3.7		消防电工程
3.8		暖通工程
3.9		弱电智能化工程
3.10		电梯工程
3.11		泛光照明工程
3.12		医疗气体工程
3.13		户表（电气）工程
3.14		户表（给水）工程
4	室外总平工程	
4.1		总平道路工程
4.2		总平景观工程
4.3		总平绿化（含屋顶绿化）工程
4.4		总平给水排水及消防工程
4.5		总平强电工程
4.6		总平弱电工程
5	其他	

表 3.2.2 房屋建筑工程设计概算单位工程划分标准

序号	单位工程	分部工程
1	土建工程	
1.1		土石方工程
1.2		地基处理工程
1.3		边坡支护工程
1.4		桩基工程
1.5		砌筑工程
1.6		混凝土及钢筋混凝土工程
1.7		装配式结构工程
1.8		金属结构工程

续表 3.2.2

序号	单位工程	分部工程
1.9		木结构工程
1.10		屋面工程
1.11		地下室防护工程
1.12		其他土建工程
2	室内装饰工程	
2.1		室内楼地面工程
2.2		室内墙柱面工程
2.3		室内装饰隔墙、隔断工程
2.4		室内天棚工程
2.5		室内门窗工程
2.6		其他室内装饰工程
3	外立面装饰工程	
3.1		普通外墙柱面装饰工程
3.2		幕墙工程
3.3		外门窗工程
3.4		外天棚装饰工程
3.5		其他外立面装饰工程
4	强电工程	
4.1		配电箱（柜）
4.2		管网
4.3		线缆
4.4		母线
4.5		开关插座灯具
4.6		防雷接地系统
4.7		智能疏散系统
4.8		其他强电工程
5	变配电工程	变配电房
6	给水排水工程	
6.1		给水
6.2		废水（污水）

续表 3.2.2

序号	单位工程	分部工程
6.3		雨水
6.4		压力排水
6.5		其他给水排水工程
7	消防水工程	
7.1		消火栓系统
7.2		自动喷淋系统
7.3		大空间自动灭火系统
7.4		气体灭火系统（管网式或柜式）
7.5		高压细水雾系统
7.6		其他消防水工程
8	消防电工程	
8.1		自动报警系统
8.2		消防水炮控制系统
8.3		防火门监控系统
8.4		电气火灾监控系统
8.5		消防设备电源监控系统
8.6		其他消防电工程
9	暖通工程	
9.1		通风防排烟系统
9.2		新风空调系统
9.3		空调水系统
9.4		辐射供暖系统
9.5		多联式空调系统
9.6		其他暖通工程
10	弱电智能化工程	
10.1		桥架部分
10.2		一卡通及门禁系统
10.3		停车场管理系统
10.4		视频监控系统
10.5		综合布线系统

续表 3.2.2

序号	单位工程	分部工程
10.6		会议系统
10.7		建筑设备监控系统
10.8		信息引导及发布系统
10.9		其他弱电智能化工程
11	抗震支架工程	
12	电梯工程	
13	泛光照明工程	
14	医疗气体工程	
14.1		氧气系统
14.2		压缩空气系统
14.3		吸引系统
14.4		笑气系统
14.5		其他医疗气体工程
15	户表（电气）工程	
16	户表（给水）工程	
17	总平道路工程	
17.1		土石方工程
17.2		道路工程 1、2…
18	总平景观工程	
18.1		土石方工程
18.2		功能区域 1、2…
19	总平绿化（含屋顶绿化）工程	
19.1		土石方工程
19.2		栽植乔木
19.3		栽植灌木
19.4		栽植水生植物
20	总平强电工程	室外强电工程
21	总平给水排水及消防工程	室外给水排水工程
22	总平弱电工程	室外弱电工程

2. 工程量计算

（1）设计概算编制应根据设计图纸、现行工程量清单计量规范、当地建设工程量清单计价定额及相关规定计算工程量。

（2）因图纸设计深度原因暂未设计的内容，工程量可根据项目实际情况参考类似指标计算并加以说明。

（3）为完成工程项目施工所发生的措施项目（非工程实体项目），应根据项目实际情况考虑合理的施工组织方案作为计算工程量的依据并加以说明。

3. 工程计价

（1）设计概算可采用定额和指标相结合方式编制。根据设计文件可进行计量计价的，依照当地建设工程工程量清单计价定额及其配套文件规定编制。因设计阶段设计深度达不到计量计价要求的，参考类似指标计价并加以说明。

（2）设计概算编制期一般应以项目初步设计文件审查的时间为准。

（3）设计概算编制时不计取暂列金额、计日工、总承包服务费，但应考虑一定比例零星工程费。

4. 设备及工器具购置费、工程建设其他费、建设期贷款利息、预备费、铺底流动资金

详见本指南投资决策阶段投资估算编审相关内容编制方法。

5. 概算编制与审核相关制度

国家、地方及主要行业相关概算编制与审核制度见表 3.2.3。

表 3.2.3 概算编制与审核相关制度

序号	文件名称
1	政府投资条例［中华人民共和国国务院令（第 712 号）］
2	中国建设工程造价管理协会标准《建设项目设计概算编审规程》CECA/GC 2—2015
3	《建设工程造价咨询规范》GB/T 51095—2015
4	《建设工程造价咨询成果文件质量标准》CECA/GC 7—2012
5	中华人民共和国住房和城乡建设部《建筑工程设计文件编制深度规定（2016 年版）》
6	《中华人民共和国住房和城乡建设部　财政部关于印发〈建筑安装工程费用项目组成〉的通知》建标〔2013〕44 号
7	《国家发展和改革委员会关于加强中央预算内投资项目概算调整管理的通知》发改投资〔2009〕1550 号
8	当地发布的建设工程造价咨询标准或办法
9	中华人民共和国住房和城乡建设部《关于印发〈市政工程设计概算编制办法〉的通知》建标〔2011〕1 号
10	《民航建设工程概算编制办法》AP-129-CA-2008-01
11	《铁路基本建设工程设计概（预）算编制办法》（TZJ 1001—2017）
12	《水利部关于发布〈水利工程设计概（估）算编制规定〉的通知》水总〔2014〕429 号
13	《关于发布〈通信建设工程概算预算编制办法〉及相关定额的通知》工信部规〔2008〕75 号

续表 3.2.3

序号	文件名称
14	《关于印发〈石油建设安装工程费用定额〉〈石油建设工程其他费用规定〉〈石油建设工程概（预）算编制办法〉〈石油建设引进工程概算编制办法〉的通知》（95）中油基字第79号

五、设计概算成果文件组成

设计概算成果文件由封面、签署页、目录、编制说明、总概算表、工程建设其他费用表、综合概算表、其他表和单位工程概算书等内容组成。

若设计概算为综合概算（Ⅰ类费用），设计概算成果文件由封面、签署页、目录、编制说明、综合概算表、其他表和单位工程概算书等内容组成。

（1）封面、签署页、目录应包括下列内容：

1）封面：应有项目名称、编制单位、编制日期等内容。

2）签署页：除上述内容外，还应有概算负责人、编制人、审核人、审定人、法定代表人或其授权人等人员签名，注册造价工程师应盖执业专用章，编制单位应加盖单位公章后生效。

3）目录：应根据成果文件组成内容编制。

（2）编制说明：

1）编制说明应包括项目概况、编制依据、编制范围、其他有关问题的说明等内容。

2）项目概况应包括建设地点、建设性质（新建、扩建或改建）、立项批准文号、工程类别、建设规模、场地施工条件和主要工程内容等。

3）编制依据应说明编制设计概算所涉及的基础资料，包括计量依据、计价依据、其他依据等。其他依据主要为经批复的可行性研究报告、会议纪要、国家相关规范标准及政策性文件等。

4）编制范围应描述清楚概算编制的范围。

5）其他有关问题的说明中，对项目的重点、难点、存在的不确定因素及相应的费用考虑等应进行重点分析与说明，与概算有关但未能在表格里反映事项也应作说明。

（3）总概算表。总概算表包括建设项目概算总投资、经济技术指标、各项费用及占总投资比例，其中建筑安装工程费需分列建筑工程费、安装工程费、设备及工器具购置费和其他费用等。总概算表样式如表 3.2.4 所示。

（4）工程建设其他费用。工程建设其他费用包括建设用地费、建设管理费、建设工程前期工程咨询费、勘察设计费、环境影响咨询服务费、场地准备及临时设施费、工程保险费、行政事业性收费、专项费用、生产经营相关费等。

（5）综合概算表。综合概算表应对各单项工程、单位工程、经济技术指标进行详述。综合概算表样式如表 3.2.5 所示。

（6）其他表。主要包括建设期贷款利息表、批复可研估算与设计概算对比表。批复可研估算与设计概算对比表样式如表 3.2.6 所示。

表 3.2.4　总概算表

工程名称：　　　　　　　　　　　　　　　　　　　　　　　　　　年　　月

序号	费用名称	建筑工程费（万元）	安装工程费（万元）	设备及工器具购置费（万元）	其他费用（万元）	合计	技术经济指标		占总投资比例	备注
							建设规模（m^2）	单位造价（元/m^2）		
一	建筑安装工程费用									
	……									
二	工程建设其他费									
1	建设用地费									
2	建设管理费									
	……									
三	预备费									
1	基本预备费									
2	价差预备费									
四	铺底流动资金									
	……									
五	建设期贷款利息									
	……									
六	建设项目概算总投资									一+二+三+四+五
	占总投资比例									

表 3.2.5 综合概算表

工程名称：　　　　　　　　　　　　　　　　　　　　年　　月

序号	子项名称	概算价值（万元）													技术经济指标			备注
		土建	室内装饰	外立面装饰	强电	给水排水	消防水	消防电	暖通	弱电智能化	电梯	泛光照明	……	总价	建筑面积（m^2）	单位价值（元/m^2）		
																土建装饰	设备安装	

表 3.2.6 批复可研估算与设计概算对比表

工程名称：　　　　　　　　　　　　　　　　　　　　年　　月

序号	工程项目或费用名称	批准可研			设计概算			投资变化值		说明及主要原因分析
		规模（m^2）	单位指标（元/m^2）	合计（万元）	规模（m^2）	单位指标（元/m^2）	合计（万元）	增（+）/减（-）	比例	

六、设计概算编制注意事项

（1）设计概算一般应控制在立项批准的投资估算以内，如果设计概算值超过控制范围，必须修改设计或重新立项审批；设计概算批准后不得任意修改和调整，如需修改或调整时，须经原批准部门同意，并重新审批。

（2）设计概算应按编制时（期）项目所在地的价格水平编制，总投资应完整地反映编制时期建设项目的实际投资；设计概算应考虑建设项目施工条件等因素对投资的影响；按项目合理建设期限预测建设期价格水平，以及资产租赁和贷款的时间价值等动态因素对投资的影响。

（3）设计概算文件中所列的编制依据有以下几个方面的要求：

1）定额和标准的时效性。使用概算文件编制期正在执行使用的定额和标准，禁止使用已经作废或还设有正式颁布执行的定额和标准。

2）具有针对性。要针对项目特点，使用相关的编制依据，并在编制说明中加以说明，使概算对项目造价（投资）有一个正确的认识。

3）合理性。概算文件中所使用的编制依据对项目的造价（投资）水平的确定应当是合理的，也就是说，按照该编制依据编制的项目造价（投资）能够反映项目实施的真实造价（投资）水平。

4）对影响造价或投资水平的主要因素或关键工程的必要说明。概算文件编制依据中应对影响造价或投资水平的主要因素作较为详尽的说明，对影响造价或投资水平关键工程造价（投资）水平的确定作较为详尽的说明。

（4）根据《政府投资条例》第十二条，初步设计提出的投资概算超过经批准的可行性研究报告提出的投资估算 10% 的，项目单位应当向投资主管部门或者其他有关部门报告，投资主管部门或者其他有关部门可以要求项目单位重新报送可行性研究报告。

七、调整设计概算

1. 调整设计概算的情形

（1）中国建设工程造价管理协会标准《建设项目设计概算编审规程》CECA/GC 2—2015 规定，设计概算批准后，一般不得调整。由于超出原设计范围的重大变更、超出基本预备费规定范围不可抗拒的重大自然灾害引起工程变动和费用增加、超出工程造价调整预备费的国家重大政策性的调整等原因需要调整概算时，由建设单位调查分析变更原因，报主管部门审批同意后，由原设计单位核实编制调整概算，并按有关审批程序报批。

（2）《国家发展和改革委员会关于加强中央预算内投资项目概算调整管理的通知》（发改投资〔2009〕1550 号）规定，依现行规定由国家发展改革委员会核定批准初步设计概算的中央预算内投资项目，在建设过程中由于价格上涨、政策调整、地质条件发生重大变化等原因导致原批复概算不能满足工程实际需要的，应向国家发展改革委员会申请调整概算。

(3)《政府投资条例》第二十三条，政府投资项目建设投资原则上不得超过经核定的投资概算。因国家政策调整、价格上涨、地质条件发生重大变化等原因确需增加投资概算的，项目单位应当提出调整方案及资金来源，按照规定的程序报原初步设计审批部门或者投资概算核定部门核定；涉及预算调整或者调剂的，依照有关预算的法律、行政法规和国家有关规定办理。

2. 调整设计概算的方法

(1) 对于已招标形成签约合同价的建设项目，应将可进入概算的在调概时点已发生的费用和未发生的费用累加后，确定调概总额和分项额度。

(2) 对于未招标的建设项目，应将拟调整事项对应概算金额加入原概算，确定调概总额和分项额度。

3. 调整设计概算的注意事项

(1) 申请调整概算时，应提交以下材料：①原初步设计文件及初步设计批复文件；②由具备相应资质单位编制的调整概算书，调整概算与原批复概算对比表，并分类定量说明调整概算的原因、依据和计算方法；③与调整概算有关的招标及合同文件，包括变更洽商部分；④调整概算所需的其他材料。

(2) 申请调整概算的项目，凡概算调增幅度超过原批复概算 10% 及以上的，国家发展改革委原则上先商请审计机关进行审计，待审计结束后，再视具体情况进行概算调整。

(3) 对于申请调整概算的项目，国家发展和改革委员会将按照静态控制、动态管理的原则，区别不可抗因素和人为因素对概算调整的内容和原因进行审查。对于使用基本预备费可以解决问题的项目，不予调整概算。对于确需调整概算的项目，须经国家和发展改革委员会组织专家评审后方予核定批准。

(4) 对由于价格上涨、政策调整等不可抗因素造成调整概算超过原批复概算的，经核定后予以调整。调增的价差不作为计取其他费用的基数。

第三节　施工图预算

施工图预算是反映施工图设计阶段建设项目投资额的造价文件，施工图总预算的构成与设计概算一致，包含建筑工程费、安装工程费、设备及工器具购置费、工程建设其他费用、预备费、建设期贷款利息、固定资产投资方向调节税及铺底流动资金。施工图预算可包括建设项目施工图总预算、单项工程综合预算、单位工程施工图预算。

一、施工图预算的应用

(1) 完成施工图设计后，通过施工图预算编制，与设计概算对比，评估施工图设计内容所对应的项目投资是否超经审批的设计概算，是否实现限额设计目标。

(2) 完成施工图设计后，采用工程量清单招标，以施工图为依据编制工程量清单和招标控制价（最高投标限价），这种情况下，以同口径的招标控制价（最高投标限价）作为施工图预算中的建筑安装工程费。

(3) 采用模拟清单招标的项目（常见于房地产开发项目），招标时锁定单价，在完成详细的施工图设计后，进行重计量，与承包人核对施工图工程量，按投标单价计算总价，对施工图进行总价包干。

二、施工图预算工程费用的计算

根据中国建设工程造价管理协会标准《建设项目施工图预算编审规程》CECA/GC 5—2010，单位工程预算的编制应根据施工图设计文件、预算定额（或综合单价）以及人工、材料及施工机械台班等价格资料进行编制。主要编制方法有单价法和实物量法；其中单价法分为定额单价法和工程量清单单价法。

工程造价咨询实践中一般采用工程量清单计价的模式。其实质是按施工图算量、以定额等计价依据计价，形成工程造价。编制依据及方法可参考本指南第四章第三节“工程量清单及最高投标限价（招标控制价）”的相关内容。

三、施工图预算工程建设其他费、预备费等费用计算

根据《建设项目施工图预算编审规程》CECA/GC 5—2010，工程建设其他费用、预备费及应列入建设项目施工图总预算中的几项费用的计算方法与计算顺序，应参照《建设项目设计概算编审规程》CECA/GC 2—2015 的规定编制，即与设计概算中相应费用的计算方法相同。

四、施工图预算超设计概算的处理

工程预算批准后，一般情况下不得调整。由于重大设计变更、政策性调整及不可抗力等原因造成的可以调整。

如果施工图预算超概算，一般有两种处理方式：一是符合本章第二节调整概算情形的，进行概算调整及审批；二是进行设计优化将施工图预算控制在限额范围内。

第四节　设计方案经济分析

设计方案经济分析是运用价值工程，对设计方案进行分析、计算和评价，并对可能采取的多个方案进行比较，从中选出最佳方案。一般在方案设计阶段较多的是进行总体设计方案经济分析，初步设计阶段或施工图阶段较多的是进行专项设计方案经济分析。

一、设计方案经济分析原则

设计方案经济分析根据设计阶段不同，可分为总体设计方案经济分析和专项设计方案经济分析，采用定性和定量分析相结合的原则。

二、设计方案经济分析依据

（1）国家、行业和地方有关规定；

（2）相应工程造价管理机构发布的定额（或指标）及配套文件；

（3）设计方案文件；

（4）类似工程的技术经济指标和参数；

（5）拟定或常规的施工组织设计和施工方案；

（6）工程所在地编制同期的人工、材料、设备、机械台班市场价格，以及设备的市场价格和有关费用；

（7）委托方提供的其他相关资料。

三、设计方案经济分析程序和方法

（1）收集、整理有关经济分析基础资料与参数等资料；

（2）结合委托方需求，组织设计、技术及经济专业人员确定影响设计方案的各项功能，对方案的功能项目赋予权重并打分；

（3）根据总体设计方案及专项设计方案深度选择适宜方法对造价进行测算；

（4）运用价值工程计算各方案的功能系数、成本系数、价值系数，选出最优方案；

（5）完成经济分析报告。

四、设计方案经济分析的实施与注意事项

（1）编制说明应包括工程及设计方案概况、设计方案经济分析范围、经济分析依据、影响设计方案的各项功能及其权重概述、有关参数和指标说明以及特殊问题说明。

（2）方案经济分析打分表、功能打分汇总表确定应注意下列事项：

1）各项功能根据项目特点结合委托方的需求进行设定，可从技术先进性、适用性、可靠性、安全性和经济性等方面进行考虑，对各项功能分别给予不同权重；

2）各方案功能的权重及得分可采用专家组评分，专家人数不低于设定功能项数，专家名单需得到委托方确认；

3）专家组成员应依据委托方需求，专业、客观、公正地对功能项进行评判和打分；

4）专家组成员对功能权重的打分可采用十分制。

（3）功能系数计算表、成本系数计算表、价值系数计算表需运用价值工程原理计算，应综合选取价值系数较高的方案作为优选方案。

（4）计算成本系数所采用的单方造价或总造价的误差率应控制在编制相应测算时要求的综合误差率内。

五、设计方案经济分析成果文件

成果文件为总体设计方案经济分析报告或专项设计方案经济分析报告，主要包括封

面、签署页、编制说明、方案经济分析打分表、功能打分汇总表、功能系数计算表、方案费用测算表、成本系数计算表、价值系数计算表、分析结论总述。

六、案例

某项目 11#楼基础布置有两种备选设计方案，为进行方案比选，需进行方案经济分析。

方案一：局部筏板加下柱墩基础、独立基础。筏板 C30，垫层 C15；筏板厚度、下柱墩高度详见平面图。独立基础 C30，垫层 C15；图中未标注的独立基础基底标高-2.50m，见图 3.4.1。

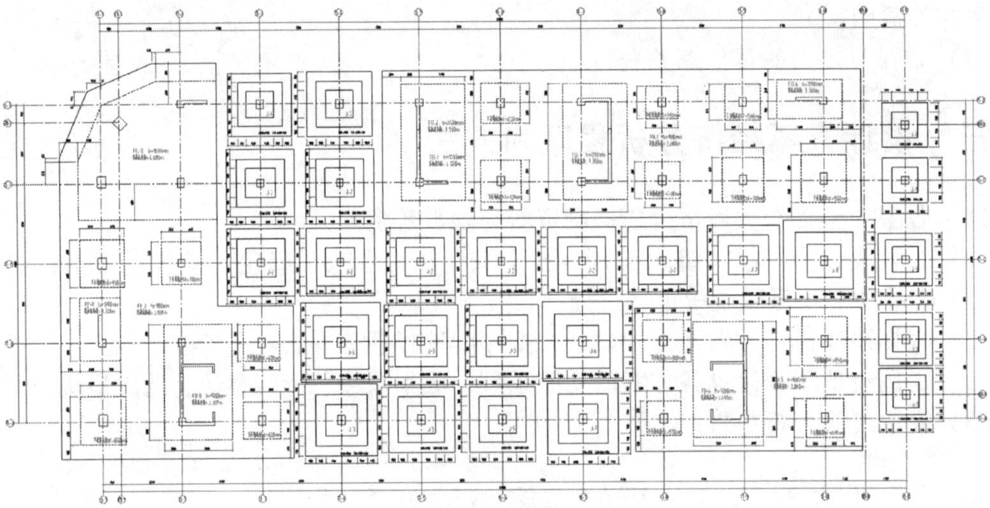

图 3.4.1　11#楼基础布置设计方案（一）

方案二：桩基础，采用旋挖钻孔灌注桩，桩端底面进行二次注浆以固化孔底沉渣。桩径为 1 200mm，平均桩长 26m，桩基础 C30，承台 C30，见图 3.4.2。

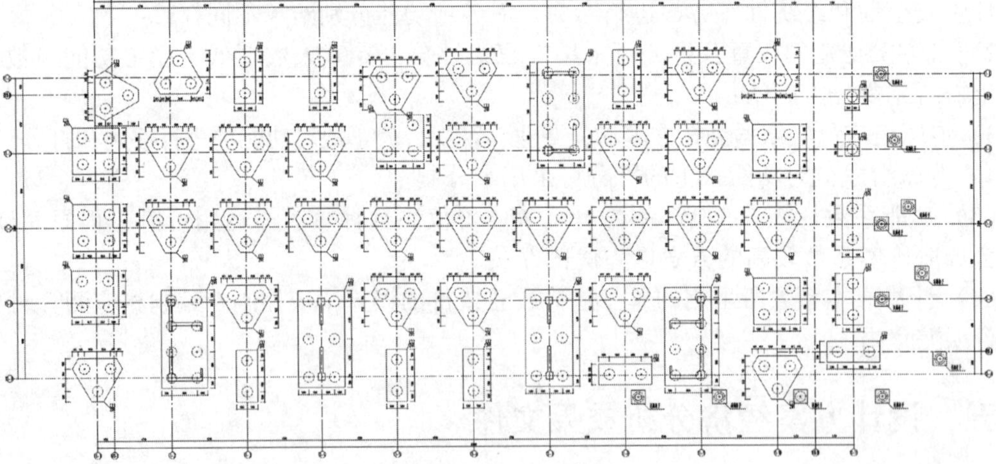

图 3.4.2　11#楼基础布置设计方案（二）

对以上两种基础方案的承载力及刚度、施工工期、工艺难度、对周边环境影响，以及建造成本进行比选。对各项功能及其权重进行打分，运用价值工程原理计算功能系数、成本系数和价值系数，见表 3. 4. 1～表 3. 4. 7。

表 3. 4. 1　方案一经济分析打分表

功能项目	各方案功能打分（方案一：筏板基础+独立基础）						备注
	专家 1	专家 2	专家 3	专家 4	专家 5	各功能得分	
承载力及刚度	9	9	9	9	9	9	能充分发挥地基承载力，调整不均匀沉降
施工工期（工序时间、工期降效因素等）	9	8	8	9	8	8. 4	工序时间：混凝土浇筑时间+养护周期不少于 14 天； 无特别工期降效因素
工艺难度（大型机械、工艺等）	9	9	9	9	9	9	大型机械进出场：挖掘机； 工艺：浅基础、施工简单
对周边环境影响（噪声、尘土等）	8	8	8	8	8	8	对周边环境影响小
专家签字栏							

表 3. 4. 2　方案二经济分析打分表

功能项目	各方案功能打分（方案二：灌注桩基础）						备注
	专家 1	专家 2	专家 3	专家 4	专家 5	各功能得分	
承载力及刚度	9	8	8	9	9	8. 6	满足地基承载力
施工工期（工序时间、工期降效因素等）	8	8	8	8	8	8	工序时间：工序复杂，时间长，塌孔导致工期降效； 工期降效因素：塌孔
工艺难度（大型机械、工艺等）	8	8	8	8	8	8	大型机械：挖掘机、旋挖钻机； 工艺：埋钢护筒、成孔、钢筋笼制作与安放、下导管、混凝土浇筑、起拔护筒、回填桩孔等。施工难度大
对周边环境影响（噪声、尘土等）	8	7	7	7	8	7. 4	对周边环境有噪声污染，泥浆运输问题
专家签字栏							

表 3.4.3 功能打分汇总表

功能项目	功能权重	各方案功能打分汇总表			
		方案一	方案二	……	方案 *N*
承载力及刚度	0.5	9.0	8.6		W_{N1}
施工工期（工序时间、工期降效因素等）	0.2	8.4	8.0		W_{N2}
工艺难度（大型机械、工艺等）	0.2	9	8.0		W_{N3}
对周边环境影响（噪声、尘土等）	0.1	8	7.4		W_{N4}
……	……	……	……		……

注：功能权重之和应为 1，即 $\alpha 1+\alpha 2+\cdots+\alpha n=1$。

表 3.4.4 功能系数计算表

功能项目	功能权重	各方案功能评价值			
		方案一	方案二	……	方案 *N*
承载力及刚度	0.5	4.5	4.3		$T_{N1}=W_{N1}\times\alpha_1$
施工工期（工序时间、工期降效因素等）	0.2	1.68	1.6		$T_{N2}=W_{N2}\times\alpha_2$
工艺难度（大型机械、工艺等）	0.2	1.8	1.6		$T_{N3}=W_{N3}\times\alpha_3$
对周边环境影响（噪声、尘土等）	0.1	0.8	0.74		$T_{N4}=W_{N4}\times\alpha_4$
……	……	……	……	……	……
合计		8.78	8.24	……	17.02
功能系数		0.516	0.484	……	

注：功能系数之和应为 1，即 $FA+FB+\cdots+FN=1$。

表 3.4.5 方案一（筏板基础+独立基础）的工程费用

项目名称		工程量	单位	全费用单价（元）	全费用合价（元）
土石方工程	挖一般土方深度 6m 以内	7 291.90	m^3	11.36	82 865.15
	小型挖掘机挖槽坑土方	4 038.24	m^3	48.31	195 095.45
	回填方	7 104.93	m^3	12.18	86 538.05
	余方弃置	4 225.21	m^3	54.00	228 161.34
	小计				
混凝土及钢筋混凝土工程	垫层 C15	369	m^3	547.21	201 921.23
	独立基础 C30 P6	1 394.04	m^3	639.67	891 728.35
	满堂基础 C30 P6	2 183.92	m^3	639.67	1 396 992.47
	独立基础模板	1 016.21	m^2	57.66	58 594.67
	满堂基础模板	319.45	m^2	50.63	16 173.11
	基础垫层模板	107.67	m^2	35.36	3 807.64
	现浇构件钢筋	331.452	t	7 389.612	2 449 301.68
	预埋铁件	6.629	t	9 074.616	60 155.63
合计					5 671 334.78

表 3.4.6 方案二（灌注桩基础）的工程费用

项目名称		工程量	单位	全费用单价（元）	全费用合价（元）
土石方工程	小型挖掘机挖槽坑土方	3 340.65	m^3	48.31	161 393.48
	回填方	2 009.94	m^3	12.18	24 481.07
	余方弃置	1 330.70	m^3	54.00	71 857.80
	桩基工程				
	旋挖成孔灌注桩桩径 1 200mm	4 238.00	m	2 057.28	8 718 752.64
混凝土及钢筋混凝土工程	垫层 C15	599.53	m^3	547.21	328 070.01
	桩承台基础 C30 P6	1 328.90	m^3	639.67	850 060.12
	桩承台基础模板	1 162.13	m^2	57.66	67 008.42
	基础垫层模板	98.22	m^2	35.36	3 473.45
	现浇构件钢筋	94.744	t	7 407.34	701 800.64
	预埋铁件	94.744	t	9 074.62	859 765.42
合计					11 786 663.05

表 3.4.7 价值系数计算表

方案	方案一	方案二	……	方案 N
功能系数	0.516	0.484	……	F_N
成本系数	0.325	0.675	……	C_N
价值系数	1.588	0.717	……	$V_N = F_N / C_N$

结论：通过以上价值工程分析，方案一的价值系数大于方案二，方案一更优。

第五节 限额设计造价咨询

一、限额设计目的和意义

建设项目投资控制总的原则是估算控制概算、概算控制预算、预算控制决算，而影响投资的源头和决定性因素就是设计。作为全过程咨询单位，要协助委托人对设计单位进行约束，即在初步设计阶段，对批复的可研估算投资进行分解，确定初步设计的限额设计指标；在施工图设计阶段，对批复的初步设计概算进行分解，确定施工图设计的限额设计指标，进而从源头上使项目投资可控。

二、限额设计造价咨询工作内容

限额设计造价咨询是指工程造价咨询企业接收委托，运用工程造价的专业技能，与设计人员相互配合来实现限额设计目标的活动。限额设计造价咨询工作内容可分为方案阶段到初步设计阶段的限额设计造价咨询、初步设计阶段到施工图阶段的限额设计造价咨询。

三、限额设计造价咨询的依据

(1) 国家、行业和地方有关规定；
(2) 工程勘察与设计方案或初步设计文件；
(3) 经批准的投资估算、初步设计概算及设计任务书；
(4) 相应工程造价管理机构发布的定额（或指标）及配套文件；
(5) 类似工程的技术经济指标和参数；
(6) 拟定或常规的施工组织设计和施工方案；
(7) 工程所在地编制同期的人工、材料、设备、机械台班市场价格，以及设备的市场价格和有关费用；
(8) 建设项目的技术复杂程度，新技术、新材料、新工艺以及专利使用情况等；
(9) 政府有关部门、金融机构等部门发布的价格指数、利率、汇率、税率等；
(10) 委托方提供其他技术经济资料。

四、限额设计造价咨询程序

限额设计造价咨询流程如图 3.5.1 所示。

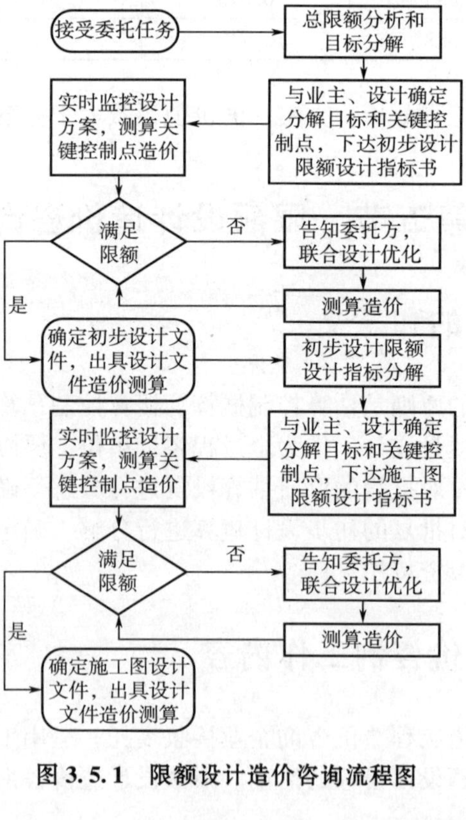

图 3.5.1 限额设计造价咨询流程图

限额设计造价咨询工作贯穿于整个设计阶段，主要分为两个阶段：

（一）从方案阶段到初步设计阶段的限额设计造价咨询

（1）了解委托方需求，收集、整理、熟悉项目相关资料。充分了解委托任务的要求，如建设投资目标、建设规模、建设标准或其他需求，为合理确定限额设计目标奠定基础。

（2）分析总限额目标的合理性及限额设计实现的可能性。

（3）按项目建设内容和标准进行总限额分析和目标分解，经委托方认可，联合设计人员进行方案预设计。

（4）确定初步设计限额设计分解目标及建设规模，提出关键控制点，经委托方及设计方确认后，向设计人员下达初步设计限额设计指标书。

（5）实时监控设计方案的造价情况，特别是关键控制点的造价情况，一旦出现超限的情况，及时告知委托方，并联合设计人员进行优化，调整测算分析，直至满足限额要求，并出具限额设计关键控制点报告书。

（6）在最终初步设计文件确定前，对设计文件进行造价测算，与初步设计限额设计指标进行对比分析，直至满足限额设计目标，出具限额设计文件造价测算报告书。

（二）从初步设计阶段到施工图阶段的限额设计造价咨询

（1）按项目建设内容和标准对初步设计限额设计指标进行目标分解，经委托方认可，联合设计人员进行预设计。

（2）确定施工图设计限额设计分解目标及建设内容，提出关键控制点，经委托方及设计方确认后，向设计人员下达施工图设计限额设计指标书。

（3）实时监控设计方案的造价情况，特别是关键控制点的造价情况，一旦出现超限的情况，及时告知委托方，并联合设计人员进行优化调整测算分析，直至满足限额要求，并出具限额设计关键控制点报告书。

（4）在最终施工图设计文件确定前，对设计文件进行造价测算，与施工图设计限额设计指标进行对比分析，直至满足限额设计目标，出具限额设计文件造价测算报告书。

五、限额设计造价咨询的实施与注意事项

限额设计造价咨询是对建设项目设计全过程的造价咨询，为最终实现达到限额投资的目的，具体的实施与注意事项有：限额设计目标合理性分析、限额设计目标分解、关键控制点的选取、限额设计造价测算。

1. 限额设计目标合理性分析

首先，根据项目定位，明确项目的实施内容和标准，收集类似项目造价数据进行对标，确定对标项目。然后，分析限额设计目标与对标项目指标的范围、差异，分析限额设计目标是否合理，并相应调整项目限额目标或实施内容和标准。

2. 限额设计目标分解

联合委托方和设计各专业，逐步明确各专业的建设内容及标准，逐步确定主要设备及

材料的参考品牌及厂商。建设内容及标准包括建设规模（主要功能建筑面积、层高、层数）、结构形式、外立面装修情况、室内装修范围和标准、水暖电等安装工程的主要系统、设备构成，以及专项工程的实施内容等。根据以上实施内容和标准，参考对标项目的指标进行限额设计目标分解。限额设计目标在不同设计阶段纵向分解到不同深度。

初步设计阶段应分解至单位工程，如土建工程、装饰工程、给水排水工程等。对于建设项目中造价影响较大的专项工程，如幕墙工程、钢结构工程、金属屋面工程等，也可单独列出。

施工图设计阶段设计内容较为详细，投资目标应进一步分解到分部工程，如土石方工程、钢筋混凝土工程、防水工程、保温工程等。

3. 关键控制点的选取

关键控制点是指在限额设计过程中，工程造价专业人员与委托方、设计人员共同认定的对委托项目造价影响较大，需重点关注并动态监控的单位工程或分部工程。关键控制点应根据项目具体情况，按下列原则选择：

（1）造价占比较大的项目，如钢结构工程、幕墙工程、金属屋面工程、重要的设备、系统等；

（2）设计变化较大的项目，如装饰材料的变化，设备选用型号、规格的变化等；

（3）市场价格波动大的项目，如钢筋、铜等；

（4）采用新材料新工艺的项目；

（5）工程造价专业人员与设计人员共同确认关键的项目。

4. 限额设计造价测算

不同设计阶段，设计文件造价测算分解深度不同，原则应与限额设计指标书一致。可参照设计文件造价测算报告的对比分析表，对设计文件造价测算结果与限额设计指标进行对比分析，分析是否满足限额设计目标，各项内容差异是否过大及存在的差异是否合理等，并根据分析结果及时与委托方、设计人员沟通考虑是否调整设计，直至满足限额设计目标。

初步设计阶段设计文件造价测算编制深度应达到初步设计概算深度，施工图设计阶段设计文件造价测算编制深度应达到施工图预算深度。

六、限额设计造价咨询成果文件

限额设计造价咨询成果文件应包括限额设计指标书、限额设计关键控制点报告书、限额设计造价测算报告书。限额设计成果文件参考四川省住房和城乡建设厅发布的《四川省建设工程造价咨询标准》DBJ 51 T090—2018 附录 H。

（1）限额设计指标书应包括封面、签署页、编制说明、初步设计限额设计指标表或施工图设计限额设计指标表。编制说明应包括工程概况、总限额目标合理性分析、限额设计指标及其他需要说明的内容。

（2）限额设计指标表宜按单项工程为单位进行编制，并经委托方、工程造价专业人员、设计人员确认。

（3）限额设计关键控制点报告书应包括封面、签署页、编制说明。编制说明应包括工程概况、关键控制点的选取、关键控制点动态监控说明、控制成果及其他需要说明的内容。

（4）限额设计文件造价测算报告书应包括封面、签署页、编制说明、造价测算与限额设计指标对比分析表。编制说明应包括工程概况、造价测算及设计文件调整过程的说明、造价测算结果与限额设计指标对比分析及其他需要说明的内容。

七、案例

项目简介：某住宅项目位于成都市，规划建设净用地面积为 42 070m^2，基底面积为 8 404m^2，总建筑面积为 165 609m^2。住宅建筑面积为 103 141m^2，地上 18 层，建筑高度为 54m；独立商业建筑面积为 7 874m^2，地上 3 层，建筑高度为 14.1m；地下室建筑面积为 54 594m^2，地下 2 层，不设置人防工程。

项目技术指标要求：本项目已委托设计院完成项目强排方案，地上钢含量≤45kg/m^2，混凝土含量≤0.4m^3/m^2，砌体含量≤0.15m^3/m^2；地下室钢含量≤105kg/m^2，混凝土含量≤1.0m^3/m^2，砌体含量≤0.05m^3/m^2，基坑支护考虑放坡网喷-喷锚支护，基础考虑筏板基础，地基处理可能存在换填，换填量约 5 000m^3。住宅外墙为石材、铝板、真石漆、保温一体板，商业外墙为玻璃幕墙。住宅装配率为 50%。其余详见本项目方案设计相关资料等（此处略）。

限额要求：在满足钢筋、混凝土、砌体含量的限额下，建筑安装工程费限额 57 963 万元，单方造价 3 500 元/m^2。根据以上资料进行限额设计。

1. 限额设计指标书

（1）限额设计指标书封面（略）；

（2）限额设计指标书签署页（略）；

（3）编制说明。限额设计指标书编制说明的主要内容如下：

1）工程概况（略）。

2）总限额目标合理性分析。了解委托方需求，熟悉项目资料后，通过对标分析近年高层住宅项目造价指标，单方造价 3 400～3 600 元/m^2（对标项目指标表略），项目建筑安装工程费总限额目标及单方造价属于合理范围。

3）按项目方案设计的实施内容和标准进行限额设计指标分解。结合委托方具体需求，经与委托方、各专业设计人员充分沟通，最终确定以下限额设计指标（表 3.5.1）。

通过表 3.5.1 所示的指标分解，项目总限额和单方造价合理、可实现。确定限额设计目标及建设规模后，提出关键控制点包括：①钢筋、混凝土、砌体含量；②市场价格波动较大的材料，如钢筋、混凝土等；③外墙面方案变化对造价的影响较大；④地下室基坑支护方案变化对造价的影响较大等。

向设计人员下达限额指标，进行初步设计。初步设计阶段，注意关键控制点监控，成果为限额设计关键控制点报告书。

2. 限额设计关键控制点报告书

（1）限额设计关键控制点报告书封面（略）。

（2）限额设计关键控制点报告书签署页（略）。

表 3.5.1　初步设计限额设计指标表示例

序号	工程名称	建设规模	单位	限额单方造价（元）	限额总价（万元）	专业设计负责人	确认签名	备注
一	工程费用	165 609	m^2	3 475	57 555			
1	住宅	103 141	m^2	2 848	29 376			
1.1	土建工程	103 141	m^2	1 400	14 440			含砌体、钢筋混凝土模板、屋面、其他土建、土建措施、装配式增加等。地上钢含量≤45kg/m^2，混凝土含量≤0.4m^3/m^2，砌体含量≤0.15m^3/m^2
1.2	外立面装饰	103 141	m^2	560	5 776			含石材、铝板、真石漆、保温一体板等外墙面（含保温）、外门窗、栏杆
1.3	室内装饰	103 141	m^2	360	3 713			
1.4	强电工程	103 141	m^2	160	1 650			含强电、防雷接地、户表工程
1.5	给水排水工程	103 141	m^2	78	774			含给水、排水、雨水、智能水表等
1.6	消防工程	103 141	m^2	35	361			含消火栓、火灾报警等
1.7	弱电智能化工程	103 141	m^2	75	774			含综合布线、视频监控、门禁等
1.8	通风空调工程	103 141	m^2	30	309			仅含通风、防排烟
1.9	电梯工程	24	部	336 000	806			20 部 18+2 层，4 部 13+2 层
1.10	泛光照明工程	103 141	m^2	5	52			
1.11	绿建二星增加费	103 141	m^2	70	722			
2	独立商业	7 874	m^2	3 663	2 884			

续表 3.5.1

序号	工程名称	建设规模	单位	限额单方造价（元）	限额总价（万元）	专业设计负责人	确认签名	备注
2.1	土建工程	7 874	m^2	1 350	1 063			考虑框架结构
2.2	外立面装饰	7 874	m^2	1 500	1 181			玻璃幕墙等
2.3	室内装饰	7 874	m^2	180	142			
2.4	强电工程	7 874	m^2	104	87			考虑物管灯具到位，商业用房预留
2.5	给水排水工程	7 874	m^2	46	36			考虑物管洁具到位，商业用房预留
2.6	消防工程	7 874	m^2	120	94			含喷淋、消火栓、火灾报警等
2.7	弱电智能化工程	7 874	m^2	37	29			含综合布线、视频监控、门禁等
2.8	通风空调工程	7 874	m^2	100	79			仅含通风、防排烟
2.9	泛光照明工程	7 874	m^2	150	118			
2.10	绿建二星增加费	7 874	m^2	70	55			
3	地下室	54 594	m^2	4 230	23 093			
3.1	支护工程	54 594	m^2	450	2 457			基坑支护考虑放坡网喷-喷锚支护
3.2	地基处理工程	54 594	m^2	100	546			地基处理考虑换填，换填量约 5 000m^3
3.3	土建工程	54 594	m^2	2 100	11 465			钢含量≤105kg/m^2，混凝土含量≤1.0m^3/m^2，砌体含量≤0.05m^3/m^2
3.4	装饰工程	54 594	m^2	400	2 184			
3.5	强电工程	54 594	m^2	245	1 338			含动力、照明、防雷接地等
3.6	变配电工程	54 594	m^2	300	1 638			

续表 3.5.1

序号	工程名称	建设规模	单位	限额单方造价（元）	限额总价（万元）	专业设计负责人	确认签名	备注
3.7	给水排水工程	54 594	m^2	60	328			含给水、排水、污水提升等
3.8	消防工程	54 594	m^2	210	1 146			含喷淋、消火栓、消防泵、火灾报警等
3.9	弱电智能化工程	54 594	m^2	60	328			含综合布线、视频监控、门禁、停车管理系统等
3.10	通风空调工程	54 594	m^2	150	819			含通风、防排烟
3.11	抗震支架工程	54 594	m^2	60	328			
3.12	标识交安工程	54 594	m^2	40	218			
3.13	绿建二星增加费	54 594	m^2	55	300			
4	总图工程	33 667	m^2	654	2 201			
4.1	场平土石方	0	m^3	0	0			
4.2	硬质景观及小品	12 633	m^2	500	632			
4.3	绿化	21 034	m^2	300	631			
4.4	围墙	800	m	1 600	128			
4.5	景观水电	33 667	m^2	55	185			
4.6	室外标识工程	33 667	m^2	20	67			
4.7	大门及门房	2	座	600 000	120			考虑中高档大门，含构架及门房
4.8	室外管网工程	33 667	m^2	130	438			

（3）编制说明：

1）工程概况（略）。

2）关键控制点的选取。根据设计方案变化对造价影响较大的原则，我们选取住宅外墙面方案变化、地下室土石方及基坑支护变化作为关键控制点，实时监控造价情况。限额设计关键控制点一览表见表3.5.2。

表3.5.2 限额设计关键控制点一览表（示例）

序号	关键控制点	预估工程量	单位	限额单方造价（元）	限额总价（万元）	占总投资比例（%）	备注
11	住宅外立面工程	121 190	m^2 m^2	476.6	5 776	10.04	工程量为外立面面积，包含外墙面、外门窗、栏杆等
	外墙面	96 581	m^2	379	3 661	6.36	真石漆（单价210）：石材（单价770）：铝板（单价785）=7：2：1
	外门窗	24 690	m^2	650	1 600	2.78	断桥铝合金
	外栏杆等其他装饰	103 141	m^2	50	516	0.90	玻璃栏板
22	地下室土石方及基坑支护工程	54 594	m^2	450	2 457	4.27	工程量为建筑面积，包含土石方、基坑支护、降排水
4	挖运土石方	291 527	m^3	62	1 807	3.14	参考周边项目，按土方计算
	基坑支护	9 883	m^2	270	267	0.46	放坡按1：1，网喷：喷锚支护=1：1
	降排水	54 594	m^2	58	317	0.55	工程量为建筑面积；按20m一口井，15个月考虑
	……						

3）关键控制点动态监控说明（以外墙面为例）。

①关键控制点调整过程说明。报规前，甲方要求将真石漆调整为保温一体板外墙，同时适当减少石材或铝板外墙占比。需进行满足限额设计的方案调整。

②关键控制点调整过程记录。根据甲方要求，第一次外墙方案调整外墙面为保温一体板：石材：铝板=8：1：1。据测算，保温一体板单价375元/m^2，调整后的外墙面造价：

$$(375\times0.8+770\times0.1+785\times0.1)\times96\ 581=4\ 399\text{（万元）}$$

差额：4 399-3 661=738（万元）。

限额设计总造价57 555+738=58 293万元>总限额目标57 963万元，不满足限额目标。

第二次外墙方案调整，将外墙面调整为部分户型真石漆+石材，部分户型保温一体板+石材，真石漆：保温一体板：石材=5：3：2。据测算，调整后的外墙造价：

（210×0. 5+375×0. 3+770×0. 2）×96 581＝3 588（万元）

差额：3 588－4 399＝－811（万元）。

限额设计总造价 58 294－811＝57 483 万元<总限额目标 57 963 万元，满足限额目标。

限额设计关键控制点调整过程如表 3. 5. 3 所示。

表 3. 5. 3　限额设计关键控制点调整过程记录表（示例）

关键控制点	调整日期	调整方案及原因描述	原方案测算造价（万元）	调整后方案测算造价（万元）	差额（万元）	限额设计总造价（万元）	是否满足限额设计目标
外墙面	2021. 10. 25	报规前，甲方要求将真石漆调整为保温一体板外墙，同时适当减少石材或铝板外墙占比。故设计方案调整外墙面为保温一体板：石材：铝板＝8：1：1	3 661	4 399	739	58 294	否
外墙面工程	2021. 11. 5	设计文件测算结果超出限额设计总造价，故将外墙面调整为部分户型真石漆+石材，部分户型保温一体板+石材，真石漆：保温一体板：石材＝5：3：2	4 339	3 588	－811	57 483	是
地下室土石方、基坑支护工程	—	……					
……							

控制成果报规前，按甲方要求对外墙方案进行两次调整，直至满足限额目标。地勘报告出来后，地下室土石方、基坑支护工程方案经测算，满足限额目标。可进行施工图设计。

3. 限额设计造价测算报告书

（1）限额设计造价测算报告书封面（略）。

（2）限额设计造价测算报告书签署页（略）。

（3）限额设计造价测算报告书编制说明。限额设计造价测算报告书编制说明的主要内容如下：

1）工程概况（略）。

2）造价测算及设计文件调整。根据第一版施工图，编制造价测算文件。与限额设计指标对比分析可知，主要的钢筋、混凝土、模板含量均比限额指标有所降低，但由于钢筋、混凝土材料价格上涨，导致土建工程超过 168 万元。具体详见住宅土建工程设计测算与限额设计指标对比分析表（表 3. 5. 4）。

表 3.5.4 住宅土建工程设计测算与限额设计指标对比分析表

工程名称		单位	测算指标			限额指标			差额			差异原因分析
			建设规模	单方造价（元）	总价（万元）	建设规模	单方造价（元）	总价（万元）	建设规模	单方造价（元）	总价（万元）	
1	住宅	m^2	103 141	1 406	14 505	103 141	1 390	14 337	0	16	168	
1.1	土建工程	m^2	103 141	1 406	14 505	103 141	1 390	14 337	0	16	168	
1.1.1	砌体	m^3	15 471	945	1 462	15 471	945	1 462	0	0	0	砌体限额含量 0.15，测算含量 0.15
1.1.2	混凝土	m^3	39 194	660	2 587	41 256	640	2 640	−2 063	20	−53	混凝土限额含量 0.4，测算含量 0.38； 混凝土涨价约 20 元/m^3
1.1.3	钢筋	t	4 538	8 800	3 994	4 641	8 000	3 713	−103	800	281	钢筋限额含量 0.045，测算含量 0.044； 钢筋涨价约 800 元/t
1.1.4	模板	m^2	304 266	73	2 221	309 423	73	2 259	−5 157	0	−38	模板限额含量 3，测算含量 2.95
1.1.5	屋面	m^2	6 300	380	239	5 728	382	219	573	−2	20	屋面面积增加约 573m^2
1.1.6	其他土建工程	m^2	103 141	55	567	103 141	50	516	0	5	51	含室外排水沟、散水、室外台阶、室外平台等； 施工图测算存在差异
1.1.7	脚手架、垂直运输、超高施工增加费、大型机械等单价措施	m^2	103 141	88	908	103 141	92	949	0	−4	−41	施工图测算存在差异
1.1.8	装配式工程增加费	m^2	103 141	245	2 527	103 141	250	2 579	0	−5	−52	装配率为 50%； 施工图测算存在差异

注：上述表格可根据实际情况进行调整。

建议设计在满足设计规范的情况下进一步优化混凝土构件尺寸和钢筋配置。例如，钢筋含量从 $44kg/m^2$ 优化为 $42kg/m^2$，可优化金额 182 万元。

3）造价测算结果与限额设计指标对比分析（附表略）。

4）其他说明。附件：限额设计造价测算书，即施工图预算书（略）

第六节 设计优化造价咨询

设计优化造价咨询是对建设项目设计全过程的造价咨询，以提升设计产品的合理性和经济性，满足投资管控要求，实现功能与成本、技术与经济更好结合，最终实现优化投资的目的及建设价值最大化。

一、设计优化造价咨询原则

（1）全过程性。全过程咨询单位从建设项目启动设计至项目竣工，均应有通过设计优化造价咨询活动实现投资管控目标的意识。

（2）合法合规。符合国家有关法律法规；满足国家、地方现行标准规范等文件，符合国家及地方制定的项目建设管理流程和程序。

（3）安全性。确保在结构安全前提下展开设计优化造价咨询工作，所有的设计优化不对结构安全造成风险。

（4）功能不变。设计优化不能改变原设计功能，不改变项目设计经济指标（即建设规模不变）。

（5）经济性。通过设计优化造价咨询达到降低成本，缩短工期、提高施工效率。

（6）价值工程。使项目的功能与造价比值最大化。

（7）可行性。设计优化不但带来降低成本的效果，且要有项目可实施的操作性。

（8）与国家政策契合。有条件的使用国家推广和倡导的新材料、新工艺、新技术，使项目达到经济效益和社会效益，具有引领作用。

（9）耐久性。设计优化增加建设项目的生命周期。

二、设计优化造价咨询依据

根据委托合同约定的服务内容及要求，按工程涉及的现行有效的国家、行业、地方有关规程、规范、指导意见等文件，结合项目自身的特点，参照类似项目的经验对建设项目进行有效的咨询服务工作，使全过程造价咨询中更加清晰、有效地控制工程造价，提高投资效益。设计优化造价咨询依据主要有（不限于）：

（1）工程造价管理机构发布的定额及配套文件；

（2）现行有效的国家、行业、地方的法律法规；

（3）相关标准规范、图集；

（4）类似项目相关指标；

(5) 项目相关文件、合同、协议等；
(6) 项目设计任务书；
(7) 方案、初设、施工图设计文件；
(8) 工程所在地的人工、材料、设备、施工机械价格；
(9) 其他应提供的资料。

三、设计优化造价咨询程序

设计优化造价咨询流程如图 3.6.1 所示。

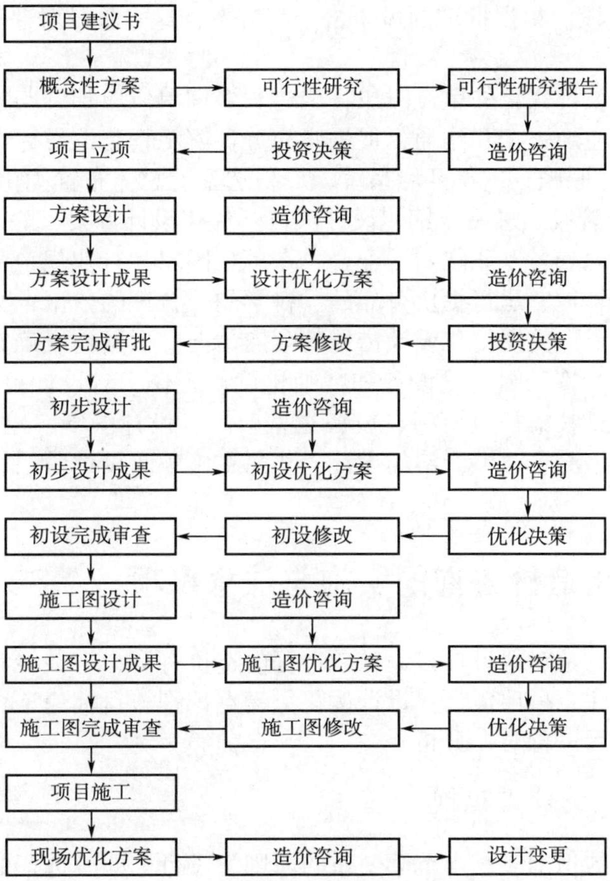

图 3.6.1　设计优化造价咨询流程图

设计优化造价咨询工作贯穿项目的全过程周期，主要分为可行性研究、方案设计、初步设计、施工图设计四个阶段，在各个阶段进行咨询服务的关注侧重点有所区别，应分阶段有序进行优化设计造价咨询服务。

(1) 可行性研究阶段。这一阶段，通过对技术上的先进性，经济上的合理性和财务上的盈利性论证后，对项目做出投资的结论。

该阶段应成立专家库，抽调技术骨干对设计优化工作给予技术支持，充分参与项目方案论证，统一专家意见，科学决策。

（2）方案设计阶段。在满足建设单位要求和项目使用功能的前提下，提高国家推广和倡导的新材料、新工艺、新技术应用在项目中所占的比例，保证技术的前瞻性，降低项目的综合施工及后期运营成本。

方案设计阶段是设计优化的关键时段，采用招标优选设计单位及设计方案比选，在设计合同中明确优化设计的要求，实行限额设计；以价值工程为依据，实现设计方案的优化。在工程项目前期的成本控制与管理中，通过应用价值工程能使工程项目各个功能更加合理化、能有效控制成本，实现节约工程资源，优化配置的目的。价值工程的应用，使设计人员精确了解委托人需求，了解工程内部各部分的比重，同时还能充分考虑与吸收各个方面的意见与建议，实现设计的科学特征。

（3）初步设计阶段。根据批准的可研报告和方案，这一阶段对项目做出技术和经济上合理性的优化结论。

初步设计阶段是设计优化的重点时段，全过程咨询单位应加强与设计单位的沟通，设计单位内部各专业也应加强相互沟通，促进其充分理解工程建设目标（性能指标、造价控制目标等），拟定设计原则，重点开展系统、设备选型、总体布置优化等工作。

（4）施工图设计阶段。进一步细化设计项目，优化设计方案，除了每个专业自身的经济合理性外还应该考虑到各专业之间的配合，在满足国家和行业规范的前提下，控制工程预算造价。为施工、管理、运行提供可靠的、科学的、合理的依据。

施工图设计阶段重点关注优化设计措施的落实情况，根据初设确定的设计方案及合同要求组织设计单位进行施工图优化设计和精细化设计工作；对设计范围、深度进行拓展，实行工程量控制；广泛收集初设资料、设备选型资料、设计图纸，建立典型优化设计库、同类型设计资料库，培养专业懂经济的设计人才。在施工图设计阶段，专项项目应按要求进行专业专项设计。

四、设计优化造价咨询的实施与注意事项

设计优化造价咨询是对建设项目设计全过程的造价咨询，为最终实现达到优化投资的目的，具体的实施与注意事项包括：设计优化关键点识别、目标论证、设计优化建议提出与实施、设计优化前后造价对比分析。

（一）设计优化关键点识别

设计优化关键点的识别应在本节第一条的原则下进行，即所选择的关键点具有成本优化的空间，同时又不影响功能，最终实现达到优化投资的目的。

（二）设计优化目标论证

设计优化应在满足国家、地方现行规范、标准，满足发包人设计任务书要求，确保结构安全的前提下；优化功能、设备材料、施工工艺、缩短工期、提高投资经济性。

（三）设计优化建议提出与实施

（1）优化过程是全过程性的，应从可行性研究开始，到建筑方案设计等，重视建筑方

案设计的专题论证及建议，方案是优化咨询造价的关键。

（2）优化必须考虑结构的安全问题，一切以安全第一，然后结合投资方的目标意见，一切也合规合法为导向，有序开展优化进程。

（3）优化过程中不能改变目标设计的初衷，不能更改投资方的市场导向，契合项目自身的市场定位及投资方的导向意图开展实施。

（4）优化应在工程项目安全的前提下降低投资成本，尽量提高投资项目的经济效益。

（5）优化的目标导向是经济效益，合理利润最大化是投资方的终极目标，一切以效益为导向实施优化设计。

（6）优化以价值工程为导向，以提高产品的价值为目的，力求以最低寿命周期成本，实现产品使用所要求的必要功能的创造性设计方法。

（7）优化应结合可行性研究报告，以市场供需为立足点，以资源投入为限度，以科学方法为手段，确定项目在技术上能否实施，如何才能取得最佳效益。

（8）优化设计应进行市场调研，契合国家的规划发展政策，调研市场的材料发展导向，倡导以新型材料全面应用于项目中，提倡高强度高标号的产品利用，已达到经济效益和环保的目的。

（四）设计优化前后造价对比分析

设计方案优化必须处理好经济合理性与技术先进性的关系，并且要考虑到项目寿命周期成本，要能动的影响优化设计，以保证有效控制工程造价。

五、设计优化造价咨询成果文件

设计优化造价咨询应包括但不限于下列成果文件：

（1）设计优化建议报告；

（2）设计优化前后造价对比分析报告。

成果文件可参照当地发布的建设工程造价咨询标准编制。

六、案例

案例一：某商业综合体项目建筑方案优化

设计优化建议报告

1. 工程概况

某综合体项目，由高层酒店（高度 98m）、六层商业（含顶层电影院，高度 30m）、地下商场构成组合建筑。方案审查意见：商业部分疏散用建筑面积过大。

2. 优化范围

对组合建筑做整体优化方案。

3. 优化原则

提升设计的合理性和经济性，满足投资管控或造价要求，达到功能满足，成本降低或效益提高的效果，最终实现优化投资的目的。

4. 优化方法

压缩无用空间，增加可使用空间，节省投资，结余用地建筑面积指标。

5. 优化依据

依据《建筑设计防火规范》相关规定：

裙房为主体投影外24m以下高建筑。组合功能建筑地面高度达24m楼层，该层建筑面积大于1 000m² 时，为一类高层建筑。

一类高层建筑和建筑高度不小于32m公共建筑应采用防烟楼梯间；其余二类高层采用封闭楼梯间（老年人建筑等特殊除外）。

两座建筑相邻较高一面外墙为防火墙，或高出相邻较低一座一、二级耐火等级建筑的屋面15m及以下范围内的外墙为防火墙时，其防火间距不限。

6. 优化设计

原设计商业方案：

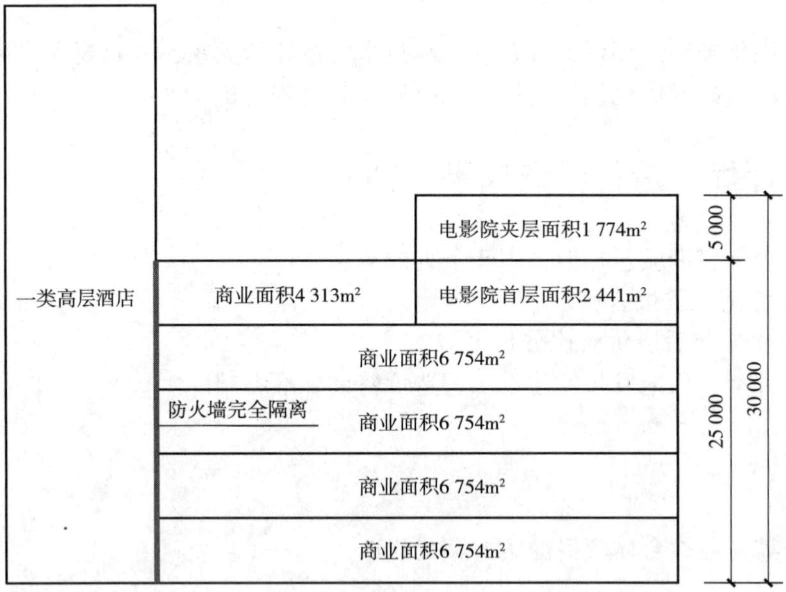

原方案设计-立体分布分析

一类高层

根据规范对原方案分析：酒店与商业仅一墙之隔，未按两栋楼处理，为一类高层建筑。单独分析商业部分地面高度2 400m以上部分面积超过1 000m²，也属一类高层建筑。

设计优化商业方案：

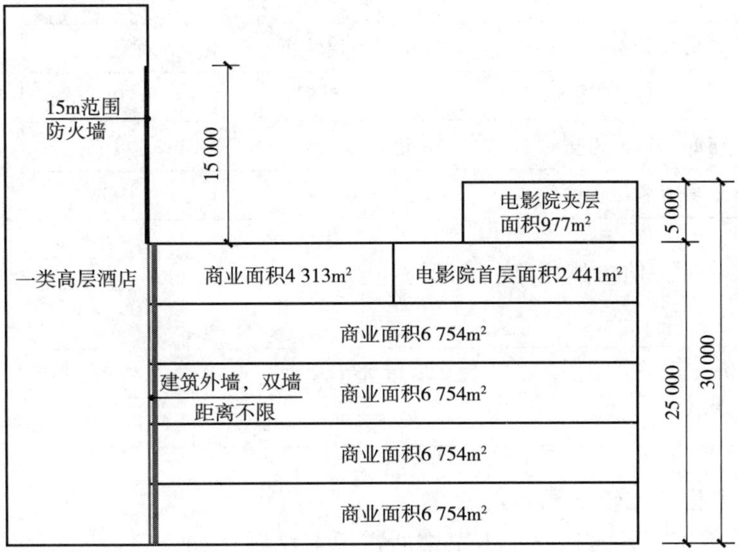

优化方案设计-立体分布分析

二类高层

经分析，优化方案将商业与酒店按两栋相邻建筑处理，满足两者距离不限，对商业部分进行楼层分布调整，缩减顶层面积，可降低为二类高层建筑。

按设计优化，本方案商业为二类高层建筑，且总高不大于32m。楼梯间均改为封闭楼梯间。节约前室面积约816m²，夹层面积缩减797m²。原酒店部分做好功能分布，解决防火墙相关区域的采光通风设施。

7. 优化前后对比分析

（1）功能对比（此处直接以数据体现优劣）如下表：

功能分析	优化前	优化后	结论（优化后较优化前对比）
功能面积有效利用率	A/35 544	（A−816）/34 767	有效利用率越高，价值越高，A为优化前辅助功能面积，估算为4 700（消防疏散设施、其他设备用房等）
总体面积指标占用	35 544	34 767	占用指标越小，整体价值提高
既定功能满足程度	满足使用要求	满足使用要求，减少前室，增加透视空间	优化后使用功能提升

（2）功能评分（基于功能对比打分，打分过程略）如下表：

功能分析	优化前	优化后	备注
功能面积有效利用率	8	9	—
总体面积指标占用	8	9	
既定功能满足程度	8	9	

（3）造价对比（估价过程略）如下表：

优化前造价（万元）	优化后造价（万元）	节约成本（万元）
6 397.92	6 258.06	139.86

（4）价值工程法比较（系数法）。

1）成本系数 C（各自在整个方案中所占成本比例）如下表：

项目	优化前系数	优化后造价	备注
成本系数计算方式	6 397.92/（6 397.92+6 258.06）	6 258.06/（6 397.92+6 258.06）	—
成本系数 C	0.51	0.49	

2）功能评价系数 F（各自在整个方案中功能值所占比例）如下表：

项目	优化前系数	优化后造价	备注
功能值	24	27	根据功能打分计算
功能系数计算过程	24/（24+27）	27/（24+27）	
功能系数 F	0.47	0.53	

3）价值系数 V 如下表：

方案名称	功能评价系数	成本系数	价值系数	备注
	F	C	$V=F/C$	
优化前	0.47	0.51	0.92	—
优化后	0.53	0.49	1.08	

经对比，设计优化后具备较高的价值工程系数。直观表现为：压缩无用空间，增加可使用空间，节省投资，结余用地建筑面积指标。商业可租售面积增加 816m²，将夹层利用价值不大的面积缩减归还给建筑面积指标可另作他用，项目实际效益有极大的提高。

8. 优化建议

建议将本项目按优化方案把原建筑由一栋建筑拆分为两栋建筑，并处理好相应的采光通风技术问题。

案例二：某综合体项目，高层建筑女儿墙结构方案优化

设计优化建议报告

1. 工程概况

某高层酒店建筑，建筑高度 98m，屋面为上人屋面，为满足立面效果，女儿墙采用较高的造型女儿墙。初设审查意见：存在女儿墙混凝土用量较大、稳定性较差、施工较为复杂的问题。

2. 优化范围

对高层建筑的女儿墙结构形式进行优化。

3. 优化原则

提升设计的合理性和经济性，满足投资管控或造价要求，达到功能满足，成本降低或效益提高的效果，最终实现优化投资的目的。

4. 优化方法

优化女儿墙结构形式，达到功能不变，成本降低的效果。

5. 优化依据

依据《非结构构件抗震设计规范》JGJ 339—2015 要求：高层建筑的女儿墙，不得采用砌体女儿墙。

6. 优化设计

原女儿墙设计：女儿墙为 5m 高钢筋混凝土墙，周长 160m，墙厚 0.30m。示意图如下：

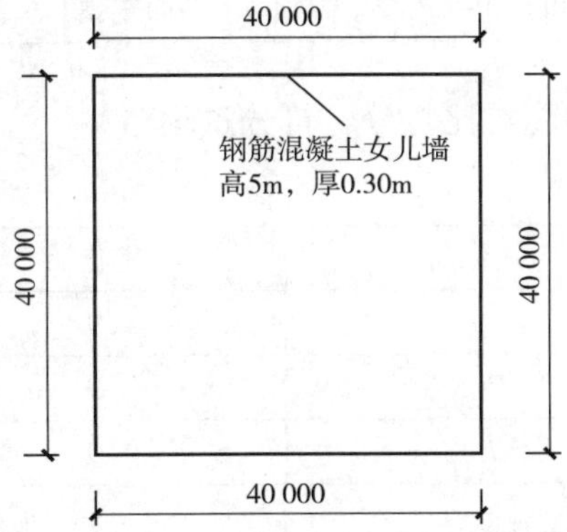

优化后，将女儿墙调整为框架填充墙，示意图如下：

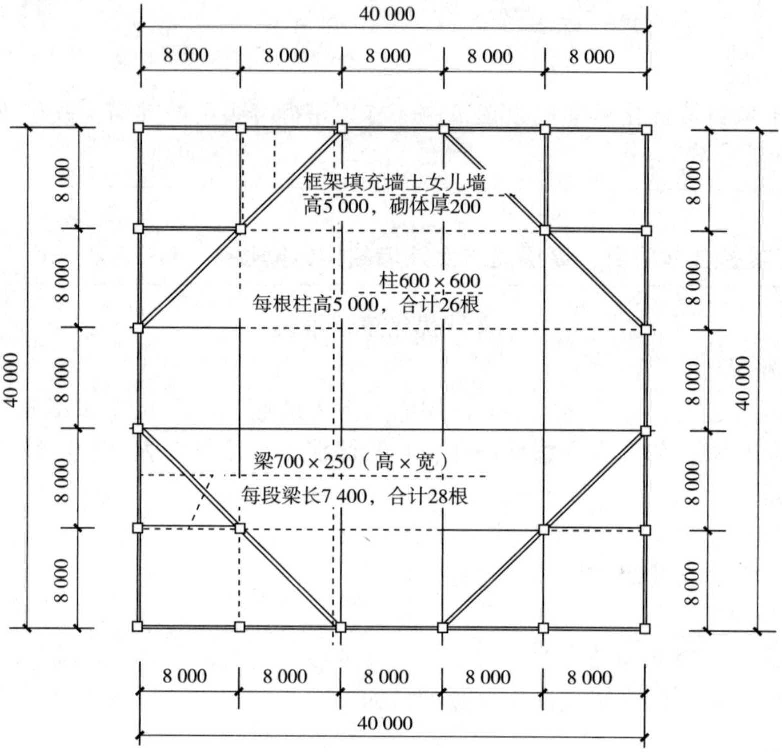

7. 优化对比分析

（1）功能对比如下表：

功能分析	优化前	优化后	结论（优化前后对比）
功能要求	满足	满足	均满足规范要求
稳定性	低	高	非单榀框架较单片墙体稳定
建筑空间贡献	开敞空间，单一	构架空间，平面丰富	屋面使用功能提升

（2）功能评分（基于功能对比打分，打分过程略）：

功能分析	优化前	优化后	备注
功能要求	9	9	—
稳定性	7.5	9	
建筑空间贡献	7.5	9	

（3）成本对比如下表：

优化前造价		优化后造价			节约成本
钢筋混凝土用量（m^3）	造价（万元）	钢筋混凝土用量（m^3）	填充墙砌体用量（m^3）	造价（万元）	造价（万元）
240	16.17	94.17	127.28	13.3	2.87

（4）价值工程法比较（系数法）。

1）成本系数 C（各自在整个方案中所占成本比例）。

项目	优化前系数	优化后造价	备注
成本系数计算方式	16.17/(16.17+13.30)	13.30/(16.17+13.30)	—
成本系数	0.55	0.45	

2）功能评价系数 F（各自在整个方案中功能值所占比例）。

项目	优化前系数	优化后造价	备注
功能值	24	27	根据功能打分计算
功能系数计算过程	24/(24+27)	27/(24+27)	
功能系数	0.47	0.53	

3）价值系数。

方案名称	功能评价系数 F	成本系数 C	价值系数 $V=F/C$	备注
优化前	0.47	0.55	0.85	—
优化后	0.53	0.45	1.18	

经对比，设计优化后具备较高的价值工程系数。直观表现为：增加女儿墙与主体的拉结，提高女儿墙自身稳定性，节省投资。

8. 优化建议

建议采用框架填充墙女儿墙，提高性能，降低造价。

案例三：成都市某住宅项目，地面做法设计优化案例

设计优化建议报告

1. 工程概况

住宅项目2#楼、3#楼、5#楼、9#楼。建筑设计为清水房。施工图审查意见：清水房未充分考虑实际工程情况对节能的贡献，建议按精装房设计，减少工程浪费。

2. 优化范围

该住宅项目2#楼、3#楼、5#楼、9#楼地面（客厅、卧室、书房）。

3. 优化原则

提升设计产品的合理性和经济性，满足投资管控或造价要求，达到功能不变，成本降低的效果，最终实现优化投资的目的。

4. 优化方法

充分考虑家装阶段地面做法对节能的贡献。同时从尽可能提高空间使用舒适性，增加室内净高，应减少地面冗余做法。

5. 优化依据

《四川居住建筑节能设计标准》DB 51/5027—2019 要求：层间楼板应满足节能设计要求传热系数不大于1.8W/（m^2·K）。

6. 优化设计

原设计地面做法为：水泥砂浆20mm+轻质混凝土（$\rho=551\sim650$）50mm+钢筋混凝土100mm+水泥砂浆20mm（清水房）。

优化设计地面做法为：软木板（$\rho=150$）20mm+30厚度1∶3水泥砂浆找平+钢筋混凝土100mm+水泥砂浆20mm（精装修）。

经节能验算，满足规范要求。

7. 优化前后对比分析

（1）功能对比（此处直接以数据体现优劣）如下表：

功能分析	优化前	优化后	结论（优化前后对比）
节能要求（隔热效能）	1.79W/（m^2·K）	1.78W/（m^2·K）	传热系数降低，节能效能提高
建筑空间净高（使用功能）	2.73m（后期装饰30mm厚）	2.78m	有效空间提高，使用价值提高
结构荷载	3.67kN/m^2	3.53kN/m^2	荷载降低，结构安全提高

（2）功能评分（基于功能对比打分）如下表：

功能分析	优化前	优化后	结论（优化前后对比）
节能要求（隔热效能）	8	9	传热系数降低，节能效能提高
建筑空间净高（使用功能）	9	9.5	有效空间提高，使用价值提高
结构荷载	8	8.5	荷载降低，结构安全提高

（3）造价对比（组价过程略）如下表：

优化前造价（万元）	优化后造价（万元）	节约成本（万元）
88.12	41.46	46.66

（4）价值工程法比较（系数法）。

1）成本系数 C（各自在整个方案中所占成本比例）如下表：

项目	优化前系数	优化后系数	备注
成本系数计算方式	88.12/（88.12+41.46）	41.46（88.12+41.46）	—
成本系数	0.68	0.32	

2）功能评价系数 F（各自在整个方案中功能值所占比例）如下表：

项目	优化前系数	优化后系数	备注
功能值	25	27	递增有利采用正数，递减有利采用倒数，功能重要性按等值
功能系数计算过程	25/（25+27）	27/（25+27）	
功能系数	0.48	0.52	

3）价值系数如下表：

方案名称	功能评价系数 F	成本系数 C	价值系数 $V=F/C$	备注
优化前	0.48	0.68	0.71	—
优化后	0.52	0.32	1.63	

经对比，设计优化具备较高的价值工程系数。直观表现为既能满足节能计算等功能性要求，提高舒适度，又大幅度的节约成本。

8. 优化建议

考虑精装修，增大净高，提高使用舒适度，降低总体造价。

第四章　发承包阶段投资管控咨询

第一节　发承包阶段投资管控咨询概述

发承包阶段投资管控咨询的目的主要是通过科学的招采策划及合约规划，以及招标过程管理，以通过市场竞争的合理价格选择到合适的承包人，并为后期发承包双方顺利履约，为后期项目的建设实施过程、竣工验收和结算审核提供投资咨询的依据，对实现项目投资咨询的目标提供强有力的支撑。

根据中国建设工程造价管理协会标准《工程造价咨询企业服务清单》CCEA/GC 11—2019 中施工图设计后施工总承包咨询（受建设单位委托）发承包阶段投资管控咨询的主要工作内容包括：

（1）招标采购策划及合约规划，包括招标范围的界定，拟采用的合同形式和合同范本，合同主要条款拟定；

（2）根据施工图、详细勘察资料、发包人要求等编制招标文件；

（3）编制工程量清单及最高投标限价；

（4）招标过程管理，包括发布招标（资格预审）公告（如有），组织招标文件答疑和澄清、开标、清标、评标，发送中标通知书及协助合同签订等。

在此阶段应关注项目招标投标的合法合规，具体详本指南第六章第一节“配合项目审计的相关工作”。

第二节　合约规划与招标采购策划

合约规划与招标采购策划在本阶段的主要工作就是根据项目决策阶段确定的招标范围、招标采购方式、招标组织形式等，结合建设单位的具体规定和项目的实际情况（如单项工程构成情况、计划工期、结构形式、工程内容组成等），完成如下工作：

（1）根据不同的发承包阶段、发承包模式建立包括工程总承包、施工总承包、总分包、材料设备采购等总体合约体系（包括：总承包、分包、材料设备供应、咨询服务等）；

（2）根据项目总体合约体系，结合项目实际情况，选择适合的合同形式，确定招标采购方式；

（3）根据项目建设进度计划，编制总体及年度招标及采购计划（该计划在实施过程中应根据项目建设的动态进行调整）。

一、主要依据

（1）国家现行的法律法规、地方性法规、部门规章，如《中华人民共和国建筑法》《中华人民共和国招标投标法》及《中华人民共和国招标投标法实施条例》（国务院令第613号）、《必须招标的工程项目规定》）（中华人民共和国国家发展和改革委员会令第16号）及《必须招标的基础设施和公用事业项目范围规定》（发改法规规〔2018〕843号）、《电子招标投标办法》（国家发展改革委等八部委〔2013〕20号文）、《中华人民共和国标准施工招标资格预审文件》和《标准施工招标文件》暂行规定（2013年修订）（国家发改委等9部委令第56号）、《住房城乡建设部、工商总局关于印发建设工程施工合同（示范文本）的通知》（建市〔2017〕214号）、《房屋建筑和市政基础设施工程施工分包管理办法》（建设部令第124号），项目所在地和项目所属行业的其他规定，工程建设标准规范、标准图集，计价规范，计价定额，材料价格信息等。

（2）项目特点、标段划分、招标范围、工作内容、工期要求、合同价款方式、设计图纸、技术要求、地质资料、参考资料、项目建设场地情况及周边的配套情况、管理要求等由委托人提供的文件资料。

（3）项目可行性研究报告及其批复，建设单位需求、利益关联方的需求、前期形成的工程文件。

（4）建设单位的项目实施计划（含经营计划和工期计划等）、资金投入计划状况。

（5）项目使用资金组成及各资金到位计划。

（6）承包人市场供应能力调查和专业结构分析。

二、建立总体合约体系

本部分的总合约体系主要针对房屋建筑和市政基础设施工程（含配套辅助工程）施工总承包、总分包、材料设备采购等（其他类工程可参照）；因服务类合同费用相对较低，且约定比较明确，对项目的投资控制影响较小，故未对服务类合同进行详细分析与描述。

（一）建立总体合约体系需要考虑的因素

（1）符合相关法律法规的规定。如：《中华人民共和国建筑法》《中华人民共和国招标投标法》《房屋建筑和市政基础设施工程施工分包管理办法》（中华人民共和国建设部令第124号）等；避免通过合同段的划分来肢解工程规避招标、降低/提高资质要求、违法转包、分包等违法、违规行为。

（2）有利于项目的投资管控，且不增大整个项目的成本。

（3）有利于建设单位和施工单位的管理和控制（如合同段划分太小，会增加合同段的工作界面，无形增大相关单位的管理和协调工作量，增大承包人的管理成本占比，导致建设费用的增加），避免增大建设单位或施工单位的管理成本。

（4）合同段划分的大小应结合市场生产能力和承包人的资金保障能力，如标段划分太大，可能导致很难有相应的单一承包人具有与项目匹配的生产能力。

（二）房屋建筑工程常用的合同段划分方法和注意事项

（1）房屋建筑工程一般按照单项工程划分标段，不得将一个单项工程的地下和地上部分分割划分标段发包。房屋建筑总承包资质范围内的专业工程因随总承包一并发包，招标时部分还不具备招标条件的专业工程，可以专业暂估价形式列入总承包招标控制价（最高投标限价）进行招标，在后期由招标人和总承包单位根据合同约定，依法进行专业分包招标（切忌以暂估价的方式规避招标）。

（2）房屋建筑工程中的总平市政和园林绿化、建筑幕墙、二次装修工程及必须先于主体建筑工程开工且单独立项的深基坑工程可单独发包（项目所在地有特别规定的从其规定），但发包方式必须合法合规。

（3）对于群体工程来说，合同段的划分有利于各合同段的顺利实施，如施工条件、场地布置等。

市政公用工程中的给水厂、污水处理厂建设工程可参照房屋建筑工程的划分方法进行合同段的划分。

（三）市政基础设施工程常用的合同段划分方法和注意事项

市政基础设施工程分为主体工程（如道路排水工程、桥梁工程工程、隧道工程等）及专业工程（如交通工程、城市及道路照明工程、道路绿化工程等）。

（1）道路工程的路基和路面不要分别发包，主体工程根据工程特性按照一个或几个单项工程划分标段，当某道路特别长（或工程量特别大）时，按照道路长度（桩号）划分合同段。该项目中的土石方工程、城市管道工程、路基工程、路面工程、不复杂的桥梁工程等专业工程应随总承包一并进行，不单独发包。

（2）道路工程中的交通工程、城市及道路照明工程、道路绿化工程等，可根据项目情况单独发包，也可与主体工程一并发包。

（3）市政桥梁和隧道工程一般以座位单位划分合同段。长跨度桥梁、隧道工程可根据具体情况进行标段划分。

（四）设备材料采购常用的划分方法和注意事项

设备材料采购，为减少工作界面，多数情况下建议进入施工总承包范围，可以适当延缓建设单位资金压力。若建设单位对某些材料设备有特殊要求的，在总包招标时明确为甲供材料设备。在甲供材料设备招标采购时，应根据设备材料的专业性进行划分，确保“专业的事由专业的供应商做”。

（五）成果示例——某公共建设工程合同构成

某公共建筑工程主要合同结构策划汇总见表4.2.1，合同段划分计划表示例见表4.2.2。

表 4.2.1 某公共建筑工程合同结构策划汇总表（不含咨询服务）

序号	类别划分	合同归属
1	土建工程	
1.1	地上土建	施工总承包合同
1.2	地下土建	施工总承包合同
1.3	地下室开挖及护壁降水工程	基坑施工合同
2	装饰工程	
2.1	外墙装饰工程	施工总承包合同
2.2	车库、设备用房、广场	施工总承包合同
2.3	屋盖面层	施工总承包合同
2.4	室内精装修工程	精装修合同
3	设备安装工程	
3.1	给水排水工程	施工总承包合同
3.2	强电工程	施工总承包合同
3.3	弱电工程	施工总承包合同
3.4	暖通工程	施工总承包合同
3.5	电梯（××台）	电梯承包合同
3.6	自动扶梯（××台）	电梯承包合同
3.7	室内燃气工程	专业分包合同
3.8	外电工程	专业分包合同
3.9	停车场设施设备工程	专业分包合同
4	总平工程	
4.1	道路（含路沿石）	施工总承包合同
4.2	广场铺装（含市民广场）	施工总承包合同
4.3	地面生态停车位	施工总承包合同
4.4	室外管网	施工总承包合同
4.5	景观、绿化	施工总承包合同
4.6	建筑泛光照明及景观灯工程	专业分包合同
5	剧场专用设备设施购置	
5.1	大小剧场灯管音响	舞台灯光音响合同
5.2	大小剧场座椅	座椅、声反射罩合同
5.3	大小剧场舞台机械	舞台机械合同

表 4.2.2　合同段划分计划表

项目名称：

建设规模		投资额	
建议内容			
合同段名称	工程及服务范围	预估合同金额	招标采购方式
全过程咨询单位审查意见	盖章：	负责人签字：	日期：
建设单位审查意见	盖章：	负责人签字：	日期：

三、招标采购策划

招标采购策划包括确定具体的招标采购方式及制定招标及采购计划。

（一）确定具体合同的招标采购方式

根据已经建立的总体合约体系，分合同按照法律法规（如《中华人民共和国招标投标法》及其实施条例等）、发改委《必须招标的工程项目规定》（国家发展改革委令第 16 号）、《必须招标的基础设施和公用事业项目范围规定》（发改法规〔2018〕843 号）、主管部门的批准文件（如发改部门的招标核准、可行性研究报告批复等）和建设单位的规定确定每个项目的招标采购方式。招标方式包括：公开招标、邀请招标、非招标采购方式。

方法：通过分析投资人需求、项目规模、复杂程度、自然条件、发包范围、潜在承包人情况等，根据法律法规和相关文件的规定，确定招标方式。

1. 必须招标的项目（表 4.2.3）

表 4.2.3 必须招标的项目表

<table>
<tr><td rowspan="8">必须招标的工程项目</td><td rowspan="5">项目范围</td><td rowspan="4">资金来源应符合《必须招标的工程项目规定》（国家发展和改革委员会令第 16 号）有关规定</td><td rowspan="2">第二条，全部或者部分使用国有资金投资或者国家融资的项目</td><td>使用预算资金 200 万元人民币以上，并且该资金占投资额 10% 以上的项目</td></tr>
<tr><td>使用国有企业事业单位资金，并且该资金占控股或者主导地位的项目</td></tr>
<tr><td rowspan="2">第三条，使用国际组织或者外国政府贷款、援助资金的项目</td><td>使用世界银行、亚洲开发银行等国际组织贷款、援助资金的项目</td></tr>
<tr><td>使用外国政府及其机构贷款、援助资金的项目</td></tr>
<tr><td>项目性质：
《必须招标的基础设施和公用事业项目范围规定》（发改法规规〔2018〕843 号）不属于《必须招标的工程项目规定》第二条、第三条（资金性质）规定情形的大型基础设施、公用事业等关系社会公共利益、公众安全的项目，必须招标的具体范围包括</td><td colspan="2">（一）煤炭、石油、天然气、电力、新能源等能源基础设施项目；
（二）铁路、公路、管道、水运，以及公共航空和 A1 级通用机场等交通运输基础设施项目；
（三）电信枢纽、通信信息网络等通信基础设施项目；
（四）防洪、灌溉、排涝、引（供）水等水利基础设施项目；
（五）城市轨道交通等城建项目</td></tr>
<tr><td rowspan="3">规模标准</td><td rowspan="3">《必须招标的工程项目规定》（国家发展和改革委员会令第 16 号）</td><td colspan="2">施工单项合同估算价 400 万元人民币以上</td></tr>
<tr><td colspan="2">重要设备、材料等货物的采购，单项合同估算价 200 万元人民币以上</td></tr>
<tr><td colspan="2">勘察、设计、监理等服务的采购，单项合同估算价 100 万元人民币以上</td></tr>
</table>

2. 可以不进行招标的情况

下列情况可以不进行招标：

（1）根据《中华人民共和国招标投标法》第六十六条，涉及国家安全、国家秘密、抢险救灾或者属于利用扶贫资金实行以工代赈、需要使用农民工等特殊情况，不适宜进行招标的项目，按照国家有关规定可以不进行招标。

（2）根据《中华人民共和国招投标法实施条例》第九条，除招标投标法第六十六条规定的可以不进行招标的特殊情况外，有下列情形之一的，可以不进行招标：

1）需要采用不可替代的专利或者专有技术；

2）采购人依法能够自行建设、生产或者提供；

3）已通过招标方式选定的特许经营项目投资人依法能够自行建设、生产或者提供；

4）需要向原中标人采购工程、货物或者服务，否则将影响施工或者功能配套要求；

5）国家规定的其他特殊情形。

3. 可以不进行施工招标的情形

《工程建设项目施工招标投标办法》第十二条规定，依法必须进行施工招标的工程建设项目，有下列情形之一的，可以不进行施工招标：

（1）涉及国家安全、国家秘密、抢险救灾或者属于利用扶贫资金实行以工代赈需要使用农民工等特殊情况，不适宜进行招标；

（2）施工主要技术采用不可替代的专利或者专有技术的；

（3）已通过招标方式选定的特许经营项目投资人依法能够自行建设；

（4）采购人依法能够自行建设；

（5）在建工程追加的附属小型工程或者主体加层工程，原中标人仍具备承包能力，并且其他人承担将影响施工或者功能配套要求；

（6）国家规定的其他情形。

4. 可以邀请招标的情形

下列情形可以邀请招标：

（1）根据《中华人民共和国招投标法实施条例》第八条，国有资金占控股或者主导地位的依法必须进行招标的项目，应当公开招标；但有下列情形之一的，可以邀请招标：

1）技术复杂、有特殊要求或者受自然环境限制，只有少量潜在投标人可供选择；

2）采用公开招标方式的费用占项目合同金额的比例过大。

有前款第2项所列情形，属于条例第七条规定的项目，由项目审批、核准部门在审批、核准项目时作出认定；其他项目由招标人申请有关行政监督部门作出认定。

（2）《工程建设项目施工招标投标办法》第十一条规定，依法必须进行公开招标的项目，有下列情形之一的，可以邀请招标：

1）项目技术复杂或有特殊要求，或者受自然地域环境限制，只有少量潜在投标人可供选择；

2）涉及国家安全、国家秘密或者抢险救灾，适宜招标但不宜公开招标的；

3）采用公开招标方式的费用占项目合同金额的比例过大。

有前款第2项所列情形，属于本办法第十条规定的项目，由项目审批、核准部门在审批、核准项目时作出认定；其他项目由招标人申请有关行政监督部门作出认定。

5. 成果示例——某公共建筑工程的招标采购方式

某公共建筑工程主要工程内容招标采购方式如表4.2.4所示。

表4.2.4 某公共建筑工程主要工程内容招标采购方式

序号	合同名称	承包内容	招标采购方式
1	勘察服务合同	本项目的初勘、详勘、补勘及基坑沉降观测等	公开招标
2	设计服务合同	本项目的方案设计、初步设计、施工图设计及实施阶段的设计服务工作	公开招标
3	造价咨询合同	招标工程量清单及控制价（最高投标限价）编制及清标工作	比选

续表 4.2.4

序号	合同名称	承包内容	招标采购方式
4	工程监理服务合同	施工阶段和缺陷责任期的工程监理服务	公开招标
5	基坑施工合同	基坑土方开挖、基坑支付及基坑降水等	公开招标
6	施工总承包合同	主体土建及外墙装饰施工（含地下、地上、总平广场）、给排水、强弱电、暖通工程	公开招标
7	精装修合同	室内精装修工程	公开招标
8	电梯采购安装合同	电梯（××台）和自动扶梯（××台）供应、安装、调试和两年的维修保养等	公开招标
9	室内燃气合同	室内燃气工程设计、施工及开通服务	比选
10	电力工程合同	外电线路及高压配电工程	公开招标
11	停车设施合同	停车场设施设备工程	竞争性谈判
12	建筑泛光照明合同	建筑泛光照明及景观灯工程的设计、施工和两年的维修保养等	竞争性磋商
13	舞台灯光音响合同	大、小剧场灯管音响	公开招标
14	座椅、声反射罩合同	大、小剧场座椅	公开招标
15	舞台机械合同	大、小剧场舞台机械	邀请招标

说明：（1）停车设施设备由于功能需求基本明确，且金额比较小，采用《中华人民共和国政府采购法》及其相关文件规定的竞争性谈判采购方式，选择满足功能要求且价格最低的供应商承担。

（2）建筑泛光招标因包含设计工作，不确定工作内容较多，采用《中华人民共和国政府采购法》及其相关文件规定的竞争性磋商采购方式，选择满足总体功能需求且性价比最高的供应商承担。

（3）舞台机械因其专业性较强，且能承担该任务的企业不多，拟通过邀请不少于5家有类似工程经验和制造能力的供应商参与本项目的投标。

（二）编制招标及采购计划

结合拟建项目的总体实施计划和建设流程，并充分考虑《中华人民共和国招标投标法》及其实施条例、《中华人民共和国政府采购法》及其实施条例等法律法规的时限要求，制订详尽的招标采购实施计划。编制招标及采购计划需综合考虑以下因素：

1. 项目总体进度计划及建设单位的资金筹措计划

在制定招标及采购计划时，结合项目总体进度计划，避免在到实施节点时还未确定实施单位，影响项目的总体计划（特别是工程总进度计划中的关键工程内容），导致工程延期。

建设单位的资金到位情况也是编制计划时需要充分考虑的因素，避免过早完成招标，形成合同（因相关法规规定，招标结束后应在30日内签订合同），支付预付款，导致建设单位资金被提前占用，如建设单位要进行需求变更时，就更为被动。

2. 法律法规规定的招标时限

相关法律法规和地方规定对招投标程序中的各环节均有时限规定，如《中华人民共和国招标投标法实施条例》规定，公开招标的报名时间不少于5日（最后一日必须为工作日），从发售文件开始之日至开标时间不少于20日，评标结果公示（或称中标候选人公示）不少于3日（最后一日必须为工作日）。但有的地方规定有差别，如四川省对公开招标的报名时间规定不少于5个工作日，在制订计划时，一般按照从严的时限进行计划编制。

《政府采购非招标采购方式管理办法》规定，从谈判文件发出之日起至供应商提交首次响应文件截止之日止不得少于3个工作日，在评审结束后2个工作日内采购人确认评审报告，采购人应当在收到评审报告后5个工作日内，确定成交供应商。

《政府采购竞争性磋商采购方式管理暂行办法》规定，从磋商文件发出之日起至供应商提交首次响应文件截止之日止不得少于10日。在评审结束后2个工作日内采购人确认评审报告，采购人应当在收到评审报告后5个工作日内，确定成交供应商。

3. 预留招标工程中的不确定因素影响

在编制具体项目的招标时间计划时，还需要综合考虑一些不确定因素对招标程序的影响，如招标备案通过时间的不确定；需要进场交易的项目，开评标场地安排的不确定；招标补遗或质疑回复。

由于招标采购文件的缺陷或招标采购人对招标采购需求有变化，在招标开够过程中可能会有投标人（或供应商）的质疑、招标采购人的质疑回复或补遗，质疑回复或补遗时间到开标时间也有相关规定，不能违背。如《中华人民共和国招标投标法实施条例》规定，招标补遗影响投标文件编制时，补遗发出时间到投标截止时间不少于15日。

4. 成果示例——某房屋开发项目的招标采购计划

某房屋开发项目的前期招标采购计划见表4.2.5。

表4.2.5 某房屋开发项目的前期招标采购计划表

序号	招标采购内容	招标采购方式	招标采购方案完成时间	招标采购完成时间	备注
1	施工图设计（含人防专项设计）服务	公开招标	9月10日	10月10日	
2	地质勘察（含基坑支护方案设计）	公开招标	9月10日	10月10日	
3	销售代理	公开招标	9月14日	10月15日	选择2~3家
4	施工临时用电设施及线路设计及施工	公开招标	9月20日	10月20日	
5	招标工程量清单及控制价（最高投标限价）编制	比选	9月30日	10月20日	
6	“多测合一”服务	比选	9月30日	10月31日	

续表 4.2.5

序号	招标采购内容	招标采购方式	招标采购方案完成时间	招标采购完成时间	备注
7	施工图审查（含地勘）	比选	9月30日	10月31日	
8	广告宣传	公开招标	10月15日	11月15日	
9	基坑土石方开挖及支护	公开招标	11月5日	12月5日	
10	前期物业（含售楼部物业）	公开招标	11月15日	12月25日	
11	施工总承包	公开招标	12月15日	1月25日（次年）	

第三节　招标/采购文件编制

招标/采购文件编制以相关部门发布的标准招标文件和近期相关的法律法规规定为参考依据，分析招标采购文件的编制。编制内容包括：招标公告（投标邀请书）、投标人须知、评标办法、合同条款及格式、工程量清单、图纸、技术标准和要求、投标文件格式。对投资管控来说，招标文件中合同条款的制定是本阶段的重要工作之一。本阶段的成果文件就是完整合格的招标采购文件。

一、招标公告（投标邀请书）

招标公告包括以下内容：

（1）描述项目的基本情况，对招标条件、项目概况和招标范围（本次招标项目的建设地点、规模及投资额、计划工期、招标范围、标段划分及标段投资额等）进行描述。

注意：多标段招标时，需清晰准确描述招标范围，避免错、漏、重，并确保做到“应招尽招”。

（2）投标人的资格要求，对投标人的资质等级、业绩、人员等内容进行规定。在资质等级设定时，应根据拟招标项目的规模，按照《建筑业企业资质标准》设定企业资质等级要求，不能过高设定资质要求，同时避免中标人超资质承揽业务。当项目涉及多项资质时，应接受联合体投标，且允许联合体成员的数量不能少于要求资质的个数。

业绩要求应根据项目的具体情况分析是否需要有相关业绩，在设定业绩条件时，业绩的数量要求不能过多（一般不超过3个），且要求的投资额、面积、长度等规模量化指标原则上不高于本招标项目的相应指标。项目人员的资格等级按照项目的规模设定资格等级，特殊项目可设定个人业绩要求。

（3）明确规定招标采购文件的获取时间和获取途径。

（4）明确规定投标文件的递交时间、地点，电子招标应明确递交方式和递交途径。

（5）发布招标公告（投标邀请书），在多个媒体发布的招标公告内容和要求应完全一致。政府和国有投资应在国家和地方政府规定的指定媒体发布，如：《全国公共资源交易平台（××××省）》。

二、投标人须知

该部分内容主要填写投标人须知前附表，投标人须知正文引用范本文件的内容。投标人须知前附表的内容不能与招标公告有冲突，主要内容包括：

（1）工期要求：参照工期定额和建设项目的总体建设进度计划并结合拟招标工程内容，确定合理的工期目标，切忌过度压缩施工工期。对群体工程来说，若招标人对某单项工程工期有特别要求的应予以单独明确。

（2）质量要求：明确项目的质量目标，有无创杯获奖要求。

（3）投标人资质条件、能力和信誉：该部分内容包括资质条件、财务要求、业绩要求、信誉要求、项目经理的资格要求、技术负责人的资格要求、具备有效的安全生产许可证（园林绿化、电梯安装等不实行安全生产许可的除外）、其他要求等。

对于投标的资质条件应注意以下事项：

1）该部分要求不得脱离招标项目的具体特点和实际需要，随意和盲目地设定投标人要求，不得设定与招标项目具体特点和实际需要不相适应的资质资格、技术、商务条件或者业绩、奖项要求，不得设定企业股东背景、年平均承接项目数量或者金额、从业人员、纳税额、营业场所面积等规模条件，不得设定超过项目实际需要的企业注册资本、资产总额、净资产规模、营业收入、利润、授信额度等财务指标，不得设定与招标项目实际需要不相适应或者与合同履行无关的资质、人员资格等，不得设定特定行政区域或者特定行业的业绩、奖项，不得设定投标人在本地注册设立子公司、分公司、分支机构，在本地拥有一定办公面积，在本地缴纳社会保险等，不得限定或者指定特定的专利、商标、品牌、原产地或者供应商，不得限定潜在投标人或者投标人所有制形式或者组织形式，不得设定国家已经明令取消的资质资格、非国家法定的资格，不得设定政府部门、行业协会商会或者其他机构对投标人做出的荣誉奖励和慈善公益证明等，不得设定未列入国家公布的职业资格目录和国家未发布职业标准的人员资格，不得设定要求投标人提供材料供应商授权书等，不得将施工员、质量员、安全员等现场专业管理人员配备情况列入招标文件中投标人响应承诺事项，否则属于以不合理条件限制、排斥潜在投标人或者投标人。

2）应该按照住房和城乡建设部《关于印发〈建筑业企业资质标准〉的通知》（建市〔2014〕159 号）和《住房城乡建设部关于简化建筑业企业资质标准部分指标的通知》（建市〔2016〕226 号）及其配套规定确定对投标人的资质等级要求。

3）资质类别：资质类别应与招标工程内容相对应，当招标工程内容涉及多个资质时，应合理划分标段发包或通过总承包后专业分包的方式发包；确需整体发包要求投标人具备相应多个资质的，应接受投标人组成联合体投标，且联合体成员的数量规定应符合要求。

（4）分包：首先应明确本项目是否允许分包，若允许应明确允许分包的工程内容和对分包单位的要求。

（5）明确投标人提出质疑的截止时间和回复时间规定。

（6）对设计施工总承包项目还需明确有无设计成果补偿，如有，应明确补偿规则和金额。

（7）投标有效期：一般设定为不少于30日历天，常用的为60或90日历天。

（8）投标保证金：应明确是否需要缴纳投标保证金，需缴纳时应明确保证金金额[一般不超过控制价（最高投标限价）的2%，且施工招标总额不超过80万元，服务招标不超过10万元]、缴纳方式（现金转账、保函、保证保险、担保书）、收款单位等信息，同时明确退还时间和退还路径。

（9）明确财务能力要求年限。

（10）明确业绩时间要求。

（11）明确评标委员会的构成和组建方式，相关法规规定技术经济专家数量不少于评委成员总数的2/3（注意招标人代表虽然可能是技术经济专家，但也不能作为技术经济专家的角色作为评委）。

（12）评标办法明确：目前基本为综合评估法和经评审的最低投标价法；该处的选择应与第三章“评标办法”一致。

（13）中标人确定：明确是否直接由评标委员会确定中标人，否则应明确评标委员会推荐的中标候选人数量。

（14）公布本项目的招标控制价（最高投标限价）及其主要构成[对设计施工总承包项目分别明确设计费和施工费控制价（最高投标限价）]，同时明确履约保证金的比例和缴纳方式。

（15）其他要求：结合项目的具体情况和招标人的要求，可以在须知前附表中增加相关的要求和规定，便于项目的实施。

三、评标办法

评标办法主要分为综合评分法和经评审的最低投标价法。在评审前期的形式评审、资格评审和响应性评审阶段，该两种评标办法的要求基本一样；区别在于后面施工组织设计评审、详细评审阶段；投标价格是否低于成本的评审办法基本一致。

采用经评审的最低投标价法的项目，应在评分办法前附表中明确各评审阶段的具体评审内容和评审标准。

采用综合评分法的项目，应在评分办法前附表中明确各评审阶段的具体评审内容和评审标准，属于评分内容的应明确给定具体的评分细则和分值标准，主要包括施工组织设计、项目管理机构、投标报价、其他评分因素等。在含施工的综合评分办法中，价格分的权重原则上不少于60%。

（1）形式评审的主要内容：投标人名称、投标文件格式、签字和盖章、联合体投标人、报价唯一、备选投标方案等。

（2）资格评审的主要内容：营业执照、安全生产许可证、资质等级、财务状况、类似项目业绩、信誉、项目经理、技术负责人、联合体投标人、其他要求等。

（3）响应性评审的主要内容：投标内容、工期、工程质量、投标有效期、投标保证金、权利义务、已标价工程量清单、技术标准和要求、分包计划、最高限价、其他要求等。

（4）施工组织设计评审：

1）对于采用经评审的最低投标价法的项目，主要针对各投标人施工组织设计中的施工方案与技术措施、质量管理体系与措施、安全管理体系与措施、环境保护管理体系与措施、工程进度计划与措施、资源配备计划等方面是否可行进行评审判定。

2）对于采用综合评分法的项目，主要针对各投标人施工组织设计中的内容完整性和编制水平、施工方案与技术措施、质量管理体系与措施、安全管理体系与措施、环境保护管理体系与措施、工程进度计划与措施、资源配备计划等方面进行评审，并根据招标文件约定的评分细则给予一定的分值。

（5）投标价格评审。

1）采用经评审的最低投标价法的价格评审内容：是否低于成本进行判定（如规定投标报价低于招标控制价（最高投标限价）相应价格的90%且低于所有有效投标人平均价格的95%，或投标报价低于招标控制价（最高投标限价）相应价格的85%时，应启动是否低于成本判定）、漏项是否达到规定的比例（一般设定为1%~3%），不平衡报价是否达到规定的比例（一般设定为10%~20%，是绝对值相加，不进行高低冲抵），有无招标人不能接受的付款要求等方面进行判定。

2）采用综合评分法的价格评审内容：是否低于成本进行判定（同经评审的最低投标价法）、漏项是否达到规定的比例（一般设定为1%~3%），不平衡报价是否达到规定的比例（一般设定为1%~3%）。根据招标文件规定的评分细则计算出报价得分。对于设计施工总承包招标项目应分别明确设计和施工的分值和评分细则。

（6）采用综合评分法中还有项目管理机构和业绩等其他评审因素（信誉、类似项目业绩、项目经理业绩和企业信用得分等方面设置）的量化规定。

（7）规定投标人排序的规则和方法。

四、合同条款及格式

（一）合同形式的选择

实行工程量清单计价的工程，应当采用单价合同；合同工期较短、建设规模较小，技术难度较低，且施工图设计已审查完备的建设工程可以采用总价合同；紧急抢险、救灾以及施工技术特别复杂的建设工程可以采用成本加酬金合同。

（二）与工程造价有关的合同条款

（1）合同计价方式的选择；

（2）主要材料、设备的供应和采购方式；

（3）预付工程款的数额、支付时间及抵扣方式；

（4）安全文明施工措施的支付计划、使用要求等；

（5）工程计量与支付工程进度款的方式、数额及时间；

（6）工程价款的调整因素、方法、程序、支付及时间；

（7）施工索赔与现场签证的程序、金额确认与支付时间；

（8）承担计价风险的内容、范围及超出约定内容、范围的调整办法；

（9）工程竣工价款结算编制与核对、支付及时间；

（10）合同解除的价款结算与支付方式；

（11）工程质量保证金的数额、预留方式及时间；
（12）违约责任及发生工程价款争议的解决方法及时间；
（13）与履行合同、支付价款有关的其他事项等。

（三）合同文本构成

对于施工合同和设计施工总承包合同来说，其合同构成基本包括合同协议书、合同通用条款、合同专用条款、质量保修书。

1. 合同协议书

该部分内容主要是项目的基本信息和需要投标人在投标文件中响应的核心内容，如：合同价（含主要构成）、工期、质量、拟派项目经理等；以及合同文件构成与合同生效的条件。对融资项目来说，还有还款时间和融资回报率等与融资有关的核心内容。

2. 合同通用条款

参照《建设工程施工合同（示范文本）》GF-2017-0201 编制。

3. 合同专用条款

该部分是招标文件编制的核心内容之一，应充分结合项目的情况、建设单位的情况（如工期要求、资金到位情况等）进行制定，该部分内容是对通用条款内容的明确和补充约定，为后期的合同谈判和签署提供前期保障。

（1）一般规定。该部分主要是一些合同用语的定义，需要特别约定的内容为：发包人提供图纸资料的期限、数量、方式和内容，承包人提供图纸资料的期限、数量、方式和内容；工程量清单错误的修正是否调整合同价格（若允许，需要明确允许调整合同价格的工程量偏差范围）。

（2）发包人。该部分内容需要明确发包人现场代表的权限，施工现场和基础资料提供的时间，移交施工场地的施工条件状况、临时用水电等提供和节点铺设等，同时结合通用条款的约定，对发包人的权利和义务进行调整或补充。

（3）承包人。该部分内容需要明确承包人项目经理的权限、现场时间、离场规定、更换条件及其违约责任，其他人员的更换、离场规定及违约责任，提交竣工资料的时限、数量和形式，分包范围、分包单位条件和分包付款规定，为发包人及其委托的咨询单位提供现场办公和生活便利等，同时结合通用条款的约定，对承包人的权利和义务进行调整或补充。

（4）工程质量。明确工程质量目标和工程是否获奖（分国家、省级、市级、行业等），确定隐蔽工程检查通知时间，以及相关的违约处罚规定。

（5）安全文明施工与环境保护。明确约定安全文明目标及现场治安管理的规定，同时明确安全文明费的支付比例和支付期限（一般规定预付款不低于基本费的 50%），以及相关的违约处罚规定。

（6）工期和进度。明确施工组织设计及专项方案包含的内容，报送时间和份数，以及修改时限的规定；开工要求；工期延误处罚和工期提前奖励；不利物质条件和异常恶劣施工条件规定等。

（7）材料与设备。明确甲供材料、设备清单，移交地点，保管费用；乙供材料设备送样和封存规定。

（8）变更。明确规定变更的范围、变更权及变更程序、变更估价原则及程序、承包人的合理化建议、暂估价确认和批准方式和程序、暂列金的使用等。

变更估价的原则如下：①已标价工程量清单或预算书有相同项目的，按照相同项目单价认定；②已标价工程量清单或预算书中无相同项目，但有类似项目的，参照类似项目的单价认定；③变更导致实际完成的变更工程量与已标价工程量清单或预算书中列明的该项目工程量的变化幅度超过15%的，或已标价工程量清单或预算书中无相同项目及类似项目单价的，按照合理的成本与利润构成的原则，由合同当事人按照相关规定确定变更工作的单价。

（9）价格调整。明确价格调整的范围，约定价格涨跌风险系数，规定价格调整办法。

（10）合同价格、计量与支付。明确合同价款方式（如单价合同、总价合同、费率合同等）及其风险范围确定；根据不同的合同价款方式规定相应的计量规则和计量周期；工程费用支付的节点、比例和时限规定。

（11）验收和工程试车。规定验收程序、工程移交程序及时限、竣工退场时限及相关的违约处罚规定。

（12）竣工结算。规定竣工结算申请时限、竣工结算审核期限规定，异议问题的处理方式和程序。

（13）缺陷责任期与保修。明确缺陷责任期限、质量保证金比例及其扣留或提交方式、保修期限及保修响应和修复时间等。

（14）违约。明确发包人和承包人的违约情形及其相应的违约处罚。

（15）争议解决。明确争议解决的办法和程序，确定诉讼或仲裁机构。

（16）补充条款。对不能在相应的条款中约定的规定，通过该条款进行体现。在编制合同是，充分利用补充条款体现合同双方的意图，充分实现合同约定的完整性，为合同的履约提供技术保障。

4. 质量保修书

通过质量保修书明确工程质量保修范围和内容，各专业工程（或部位）的保修期限；同时明确保修责任划分和保修费用的承担办法。

五、工程量清单

该部分内容主要为所有投标人提供统一的报价基准——工程量清单及其相应的编制说明。清单内容主要包含清单编码、项目名称、项目特征、计量单位、工程数量、措施项目清单等；对于清单规范中没有的自编项目清单还应增加工作内容。

六、图纸

在招标时向投标人提供经过审查的工程施工图和地勘资料。便于投标人编制切实可行的施工组织设计、制定经济可行的施工措施和投标价格决策。

七、技术标准和要求

该部分主要是告知投标人，发包人本项目有无特别的技术标准和要求。对于采用工程量清单招标方式的项目来说，主要是对材料和设备品牌的档次和技术指标要求进行规定，也可以在相应的清单项目特征中进行规定。

八、投标文件格式

该部分内容基本可以采用相关范本文件的内容，对格式文件中与本项目要求不匹配的内容进行修改或补充，删除与本项目招标无关的内容。对格式文件中要求的相应证明材料可以进行修改，如人员证书、业绩证明材料、财务证明材料等。

招标采购文件审查表格式见表 4.3.1。

表 4.3.1　招标采购文件审查表

项目名称：

<table>
<tr><td>建设规模</td><td colspan="2"></td><td>合同段名称</td><td colspan="2"></td></tr>
<tr><td>招标/采购内容</td><td colspan="5"></td></tr>
<tr><td>招标/采购方式</td><td colspan="2"></td><td>招标控制价（最高投标限价）/预算</td><td colspan="2"></td></tr>
<tr><td colspan="6">主要核心内容</td></tr>
<tr><td>序号</td><td colspan="4">详细内容</td><td>备注</td></tr>
<tr><td></td><td colspan="4"></td><td></td></tr>
<tr><td></td><td colspan="4"></td><td></td></tr>
<tr><td></td><td colspan="4"></td><td></td></tr>
<tr><td></td><td colspan="4"></td><td></td></tr>
<tr><td></td><td colspan="4"></td><td></td></tr>
<tr><td></td><td colspan="4"></td><td></td></tr>
<tr><td></td><td colspan="4"></td><td></td></tr>
<tr><td>全过程咨询单位审查意见</td><td colspan="5">盖章：　　　　负责人签字：　　　　日期：</td></tr>
<tr><td>建设单位意见</td><td colspan="5">盖章：　　　　负责人签字：　　　　日期：</td></tr>
</table>

第四节 工程量清单及招标控制价

一、工程量清单及招标控制价（最高投标限价）编制

1. 施工图已具备的招标工程量清单及控制价（最高投标限价）编制

根据已通过相关审查且合格的施工图和地质勘察报告以及相关批准文件批准的建设规模、建设内容、建设等级等，结合招标文件和现行的规范、规程等编制详细的工程量清单和措施项目清单，并参照现行的计价定额及其配套文件，结合材料设备价和已批准的工程概算编制相应的招标控制价（最高投标限价），并做到工程量无重大错漏重项、措施项目技术经济可行、价格合理、取费正确。

2. 无施工图的招标工程量清单及控制价（最高投标限价）编制

在该情况下开展招标工程量清单及招标控制价（最高投标限价）编制（简称“模拟清单”），结合项目的可行性研究报告、初步设计以及批准的投资估算和工程概算，参照历史类似项目的经验数据进行工程量清单和措施清单的估算，然后按照同样的方法进行招标控制价（最高投标限价）的计算。

3. 编制依据

（1）经相关审查合格的施工图和地勘资料；

（2）本项目拟采用的招标文件；

（3）现行国家标准《建设工程工程量清单计价规范》GB 50500 及其相关配套文件；

（4）项目所在地或行业造价管理机构发布的计价定额及配套文件；

（5）批准的可行性研究报告和概算文件；

（6）工程项目所在地人工、材料、设备、机械台班市场价格行情；

（7）拟建项目施工条件，如实施地点的地质、水文、管线、交通等环境因素；

（8）国家、行业和地方的其他有关规定。

4. 编制方法

（1）编写工程量清单编制说明。说明要准确描述包括项目概况、工程招标和分包范围、工程量清单编制依据、工程质量、材料、施工等的特殊要求、其他需说明的问题。在其他需说明的问题4，完整准确描述项目的详细规定和招标人的具体要求。

（2）分部分项工程量清单的项目设置。严格按现行国家标准《建设工程工程量清单计价规范》GB 50500 要求，列出统一的项目编码、项目名称、工作内容、计量单位；按施工图要求准确描述材料设备规格、型号、材质等项目特征；结合设计图纸将工作内容、实施部位、质量要求、设计标准等描述清楚；并将拟建工程的实际情况、水文地质情况、气候情况、业主要求以及预测风险分摊等融入工程量清单中。

对于现行国家标准《建设工程工程量清单计价规范》GB 50500 缺项的项目，采用自编清单项目，但还必须准确描述该清单项的工作内容。

（3）措施项目清单的设置。措施项目清单依据各项目的特点，根据项目拟采用的施工措施，编列措施项目清单。

（4）工程量清单的计算。分部分项工程量清单是工程实体消耗部分项目，计算的是工程实体部分，由设计图纸决定，以完成后的净值计算，不包括施工过程中各种损耗和需要增加的措施工程量。在计算工程量时应当仔细计算，避免错漏重算，确保工程数量的准确性。

措施清单工程量按照拟采用的施工措施计算其工程量，切忌背离拟采用的施工措施方案进行计算。

（5）招标控制价（最高投标限价）的编制。参照项目所在地现行计价定额及相关文件编制招标控制价（最高投标限价），材料设备价格按照信息价和市场询价执行。在编制价格时还要结合招标文件中需要各方承担的风险费用情况。当招标人对特定的材料设备有品牌要求时，给定的参考品牌应当不少于 3 个。

安全文明费和规费的计取按照相关文件规定足额计取；暂列金额应结合项目的实际情况设置合理的比例（建议比例为 10%～15%）；暂估价应基本与市场价接近，避免后期出现与暂估价偏差太大；其他的总承包服务费等结合项目的实际情况编列。

在招标控制价（最高投标限价）编制时，有部分材料设备价格可能缺少相关信息价，或因市场价涨跌幅度太大，导致信息价失真，为确保招标控制价（最高投标限价）的准确性应通过市场询价的方式来确定该材料设备价格。询价的方式包括直接市场询价、比价竞价（模拟）、电话询价和网络查询；在询价时可以采用上面的一种或多种方式组合来形成最终的材料设备参考价。

（6）工程量清单与招标控制价（最高投标限价）复核。编制完成后应对所形成的成果文件的全部内容应严格执行“三级复核”，确保成果文件的真实性和准确性。

（7）成果文件的确认。对通过“三级复核”审查的成果文件进行完整的签字和盖章，并递交发包人。经招标人确认的招标工程量清单和招标控制价（最高投标限价）为该阶段的最终成果文件。

二、招标控制价（最高投标限价）评审

部分政府或国有投资项目，在编制单位完成工程量清单和控制价（最高投标限价）编制后，为保证结果的准确性，还可能委托其他机构对该控制价（最高投标限价）开展评审。在评审过程中应积极配合评审机构的工作，主要包括以下内容：

（1）积极配合评审单位的评审工作，向评审单位提供充分的编制依据，包括询价依据。

（2）配合评审机构对项目现场的踏勘，并对项目现场情况对评审机构进行充分的介绍。

（3）对评审机构提出的问题及时回复，对评审中发现的错误及时整改。

（4）对评审机构出具的评审结果合理性进行确认。

（5）按照确认的评审结果出具招标工程量清单和控制价（最高投标限价），作为招标依据。

该阶段的成果文件为编制单位、评审单位和建设单位认可的招标控制价（最高投标限价）文件。

第五节　清　　标

评标结束后，对投标人（主要是中标候选人）的投标文件和投标人的企业情况进行分析，为本项目的定标和后期的合同谈判做好基础准备工作，为本项目选择一家最合适的承包人提供依据。清标中，若发现重大问题影响评标结果时，应提请招标人重新评审。

清标的目的：通过清标找出拟中标人投标文件中可能存在疑义或者异常的数据，发现存在的问题，以便在合同签订前和合同签订过程中进行弥补或提出实施阶段的针对性解决措施，避免对后期的合同履行和竣工结算造成重大不利影响。

一、清标的主要内容

1. 资格和符合性审查复核

对资格和符合性审查的结论进行复核，核对有无错误，特别是被废标的理由是否充分，避免引起投诉，影响项目的正常推进。出现认定错误时，应组织专家重新评审，更正评标结果。

2. 评分复核

综合评分法项目评标委员会的打分是否准确，主要固定分值是否正确，评委打分是否一致。分值汇总和排序复核，中标候选人排序复核。出现错误时，应组织专家重新评审，更正评分结果。

3. 施工组织设计及专项方案分析

对投标人投标文件中的施工组织设计及专项方案是否可行，与本项目是否有针对性，能否用于指导本项目的实施，并对采用措施方案的经济性进行分析论证。

4. 工程量的分析

对招标工程量再次进行标后复核，提前发现有无重大错项、漏项、重复项；且与建设单位沟通，预估在建设过程中出现重大变更的可能性，提前为合同签订补充针对性的应对条款。

5. 投标总价检查

全面复核拟中标人的单价与合价、合计与合计、合计与投标总价是否相符。如发现不相符，应按规定进行修正。修正的原则按照价格评审时的价格修正规定执行：大小写不一致的大写为准，单价与合价不一致的单价为准，局部报价漏项（未达到招标文件规定比例）的视为包含在其他报价中不予调整。当修正后的投标价格影响评标结果时，应组织评审委员会重新评审，更正评审结果。

6. 投标单价分析（含综合单价和要素单价）

（1）综合单价分析：对拟中标人的投标综合单价与控制价（最高投标限价）相应单价，对工程量大和价格偏离较大［以控制价（最高投标限价）单价和投标人的投标报价均价为参考］的应分析产生原因，并判断是否为拟中标人采用了不平衡报价，并预测该价格对项目合同价格是否产生较大影响，若产生较大影响，应为合同签订和实施阶段制定针对性的措施。

（2）要素单价分析：对拟中标人的投标单价组成要素的单价分析，是否有较大的不均衡。如材料设备价格严重偏低于市场价格，在实施过程中会出现以次充好现象。若在清标过程中发现上述情况，在合同签订时增加相应条款，防止该类事件的发生，影响工程质量。

（3）要素消耗量分析：分析单价构成中的各要素消耗量是否与存在人为调低消耗量，降低工程质量，若出现应分析原因。如出现材料耗量严重不足，导致在施工过程中会偷工减料，可能会严重影响工程质量。

7. 取费分析

（1）总价措施费和规费的计取基数与招标控制价（最高投标限价）进行比对，是否被做了重大修改，严重影响该部分不可竞争费的计取，损害建设单位利益。

（2）单价措施项目与投标施工组织设计中的方案是否匹配，措施工程量有无重大偏离。

8. 其他要求

投标文件中是否存在违背招标文件要求的其他内容，或向建设单位提出了建设单位不能接受的要求。

上述 3~8 项内容仅对拟中标人进行分析。

二、编写清标报告

清标报告应包含以下主要内容：

（1）项目基本情况。

（2）项目招投标的基本情况。

（3）清标中发现的问题。

1）资格和符合性认定和评分情况（针对综合评分法）。

2）列出所有偏差，并对偏差进行重大偏差和细微偏差划分，存在重大偏差的应提请评标委员会重新评审并对此内容进行复核。

3）列出算术计算错误及并按招标文件规定修正结果。

4）列出招标工程量（含措施）中重大错项、漏项、重复项，提请后期注意并采取相应措施。

5）列出所有不平衡报价项目（含综合单价、单价内的生产要素单价不平衡和生产要素耗量的不平衡），便于下一步制定解决措施或方案。

6）列举投标人采用的施工措施方案与投标报价中的措施部分不匹配内容。

7）列出投标文件中存在的含义不清楚内容，从本着尊重事实的角度对该内容进行明确，便于合同签订时进行补充明确。

总体结论，需根据清标发现的问题判定是否需要评标委员会重新评审或认定。

（4）提出针对清标中发现的问题解决措施或方案。

针对清标中发现的问题，为建设单位提供解决方案或措施。例如，某市政项目在招标时由于施工图纸表述不明，在编制招标工程量清单时将“回填连砂石”的工程量暂估了“10m^3”，投标人在投标报价时对该单项的报价为 125 元/m^3，但当时的市场报价基本在 40

元/m^3。清标时发现该情况后，对发包人存在重大投资隐患，提出的解决措施为：在签订合同时增加补充条款，对于超过招标工程量15%的部分，按定额重新组价并按投标总价下浮比例同比例下浮进行中间计量和结算。

（5）对项目实施的建议。清标报告问题汇总表格式见表4.5.1。

表4.5.1　清标报告问题汇总表

项目名称：

<table>
<tr><td>建设规模</td><td></td><td>合同段名称</td><td colspan="2"></td></tr>
<tr><td>招标控制价（最高投标限价）</td><td></td><td>中标价</td><td colspan="2"></td></tr>
<tr><td colspan="2">存在问题</td><td colspan="2">解决措施或方案</td><td>备注</td></tr>
<tr><td colspan="2"></td><td colspan="2"></td><td></td></tr>
<tr><td colspan="2"></td><td colspan="2"></td><td></td></tr>
<tr><td colspan="2"></td><td colspan="2"></td><td></td></tr>
<tr><td colspan="2"></td><td colspan="2"></td><td></td></tr>
<tr><td colspan="2"></td><td colspan="2"></td><td></td></tr>
<tr><td colspan="2"></td><td colspan="2"></td><td></td></tr>
<tr><td>综合建议</td><td colspan="4"></td></tr>
<tr><td>全过程咨询
单位意见</td><td colspan="4">盖章：　　　　负责人签字：　　　　日期：</td></tr>
<tr><td>建设单位
意见</td><td colspan="4">盖章：　　　　负责人签字：　　　　日期：</td></tr>
</table>

第六节　合同谈判和签署

在建设单位与施工单位合同谈判签署过程中，作为咨询单位应提供技术支撑，对前期拟定的合同有关条款进行进一步风险分析，做好建设单位的参谋，为后期的正常履约工作做好准备。

一、准备工作

（1）充分了解拟签项目合同的详细情况；

（2）收集合同签订前已产生的相关合同组成文件，如招标采购文件、投标文件等；
（3）咨询发包人的相关要求和需求；
（4）拟定拟签合同草案。

二、合同条款的合法合规性审核

（1）对拟签合同的条款进行合法合规性分析，有无与相关法律法规相抵触的内容；
（2）采用招标/采购方式产生的相关承包合同，原则上不允许对招标/采购文件和投标/响应文件有重大的实质性改变。

三、合同组成和条款完整性审查

（1）全面审查合同组成是否完整，如施工承包合同至少包含协议书、通用条款、专用条款、质量保修书等；
（2）合同中对合同价款、主要参与人员、合同生效的条件（履约担保）、甲方的权利义务、乙方的权利义务、甲方的责任、乙方的责任、计量、变更、支付条款、违约责任、争议解决等约定是否有遗漏或不明确进行审查，发现问题进行补充和完善。

四、全面审核合同条款

（1）对合同条款进行全面系统审核，寻找是否有约定不清楚，表达不一致的合同条款，并对其提出修改补充意见；
（2）分析合同中是否存在不适用和不合理中的条款。

五、争议条款的技术支撑

对承发包双方在合同谈判过程中出现的商务条款争议，以第三方从专业咨询的角度对双方进行解释和协调，加快合同签署进程，便于项目的顺利推进。

第七节　风险清单分析

合同签订前后，作为全过程咨询单位应充分结合项目发承包情况研究合同内容，梳理合同中的风险内容和实施过程中可能发生的风险内容清单，提出风险应对措施，对建设单位和后续参与人员进行风险交底，控制项目风险（特别是负面风险内容），确保合同正常履约。

一、招投标文件风险分析

（1）分析招标文件有无遗漏导致后期实施的潜在风险；

（2）分析中标人的投标文件对招标文件的响应情况，是否存在较大偏差；

（3）分析投标文件中是否存在较大的不平衡报价，如存在应列出清单，便于在实施阶段进行严格控制。

二、合同风险分析

（1）承包范围和内容风险分析：分析合同中承包范围和内容与设计施工图纸、招标文件、投标文件等约定范围和内容的一致性，查找有无遗漏和交叉重复（多标段）的工程内容。

（2）合同价款形式分析：根据不同的合同价款方式，列出相应合同方式下应注意的风险问题。如合同约定的价款形式与风险分摊、合同价款调整条件等。

（3）不同合同文件对同一事项的描述是否存在不一致，需根据合同解释顺序予以明确。

（4）合同风险分摊：分析合同风险分摊原则是否存在分摊范围不清晰、调整方法不明确、计算存在困难或者不能执行等风险。

（5）合同价款变更调整条件和计算原则：分析合同价款变更调整条件和计算原则与合同价款的一致性、变更条件是否清晰和可执行，计算原则是否明确等。

（6）合同中止或终止的结算原则：分析中止和终止的条件是否明确，计算原则是否与竣工结算的原则矛盾等。

（7）同价款纠纷的解决方式：分析合同价款纠纷的解决方式是否明确和存在风险。

三、材料设备价格等市场风险分析

根据合同约定的风险分摊原则结合市场变化情况分析建筑材料设备价格波动对工程造价的影响程度，当影响程度较大时提出预警和解决问题的办法。

四、人工、机械等政策性调价风险分析

根据合同约定的风险分摊原则结合项目特点、市场变化情况分析人工、机械等政策对造价的影响程度，当影响程度较大时提出预警和解决问题的办法。

五、变更索赔风险分析

根据项目特点、招投标文件、设计施工图纸和现场情况等分析变更索赔的主要风险点，并提出控制措施。

六、项目管理风险分析

根据项目特点、招投标文件、设计施工图纸和现场情况等分析项目管理中的风险点，并提出控制措施。

七、风险交底

根据前面梳理的风险清单，对建设单位和后续参与人员进行风险交底，控制项目风险。项目合同风险清单格式如表 4.7.1 所示。

表 4.7.1　项目合同风险清单分析表

项目名称：(含标段名称)

<table>
<tr><td>建设规模</td><td></td><td colspan="2">招标控制价（最高投标限价）</td><td></td></tr>
<tr><td>中标价</td><td></td><td colspan="2">下浮比例（%）</td><td></td></tr>
<tr><td>风险清单</td><td colspan="4"></td></tr>
<tr><td>序号</td><td colspan="2">风险内容</td><td colspan="2">应对措施</td></tr>
<tr><td></td><td colspan="2"></td><td colspan="2"></td></tr>
<tr><td></td><td colspan="2"></td><td colspan="2"></td></tr>
<tr><td></td><td colspan="2"></td><td colspan="2"></td></tr>
<tr><td></td><td colspan="2"></td><td colspan="2"></td></tr>
<tr><td></td><td colspan="2"></td><td colspan="2"></td></tr>
<tr><td></td><td colspan="2"></td><td colspan="2"></td></tr>
<tr><td></td><td colspan="2"></td><td colspan="2"></td></tr>
<tr><td>全过程咨询
单位意见</td><td colspan="4">盖章：　　　　　负责人签字：　　　　　日期：</td></tr>
<tr><td>建设单位
意见</td><td colspan="4">盖章：　　　　　负责人签字：　　　　　日期：</td></tr>
</table>

第五章　施工阶段投资管控咨询

第一节　施工阶段投资管控概述

施工阶段投资管控是以国家、地方及有关部门发布的法律、法规以及项目的招投标文件、施工合同、设计文件等为依据，坚持独立、客观、公正、监督与服务相结合的原则，制订项目的资金使用计划、施工阶段投资管控计划和投资管控目标，并在项目实施过程中通过采取措施对合同价格进行动态控制实现投资管控目标，充分发挥投资价值，保障项目顺利实施。

施工阶段投资管控包括以下内容：

(1) 编制项目资金使用计划；

(2) 施工现场投资控制重点；

(3) 施工方案（含专项方案）的技术经济分析及管理；

(4) 审核工程预付款和进度款；

(5) 工程变更、签证及索赔管理；

(6) 新增材料（设备）核价；

(7) 竣工结算审核。

工程造价的变动与项目的实施进度关系密切，工程造价动态管理必须把工程造价与工程进度关联起来共同研究。挣值法在这个方面可以发挥很好的作用。

挣值法（EVM）又称挣值项目管理、挣值绩效管理（EVPM），是一种客观地衡量项目绩效和进度的项目管理方法。挣值法的关键在于量化了项目的进展情况，使得项目进度和造价可以综合考量，弥补了以往进度和造价分开孤立控制的缺陷。

挣值法有三个基本参数，已完工程量的预算成本 BCWP（Budgeted Cost for Work Performed）、计划工程量的预算成本 BCWS（Budgeted Cost for Work Scheduled）和已完工程量的实际成本 ACWP（Actual Cost for Work Performed）。根据基本参数可以推导出两个评价指标，成本偏差 CV（Cost Variance）（$CV=BCWP-ACWP$）和进度偏差 SV（Schedule Variance）（$SV=BCWP-BCWS$）。成本偏差 $CV>0$，成本节支，实际成本低于预算成本；成本偏差 $CV<0$，成本超支，实际成本高于预算成本。进度偏差 $SV>0$，进度提前，实际完成工程量多于计划完成工程量；进度偏差 $SV<0$，进度拖延，实际完成工程量少于计划完成工程量。某项目挣值法动态展示项目成本与进度见表 5.1.1，挣值法评价曲线见图 5.1.1。

表 5.1.1　某项目挣值法动态展示项目成本与进度示例

<table>
<tr><td rowspan="2">项目</td><td colspan="5">时间</td></tr>
<tr><td>1 月</td><td>2 月</td><td>3 月</td><td>4 月</td><td>5 月</td></tr>
<tr><td>计划工程量的预算成本（BCWS）（累计）</td><td>100</td><td>230</td><td>300</td><td></td><td></td></tr>
<tr><td>已完工程量的预算成本（BCWP）（累计）</td><td>90</td><td>220</td><td>310</td><td></td><td></td></tr>
<tr><td>已完工程量的实际成本（ACWP）（累计）</td><td>95</td><td>210</td><td>320</td><td></td><td></td></tr>
<tr><td rowspan="2">进度偏差（SV=BCWP−BCWS）（进度偏差 SV>0，进度提前；进度偏差 SV<0，进度拖延）</td><td>−10</td><td>−10</td><td>10</td><td></td><td></td></tr>
<tr><td>进度拖延</td><td>进度拖延</td><td>进度提前</td><td></td><td></td></tr>
<tr><td rowspan="2">成本偏差（CV=BCWP−ACWP）（成本偏差 CV>0，成本节支；成本偏差 CV<0，成本超支）</td><td>−5</td><td>10</td><td>−10</td><td></td><td></td></tr>
<tr><td>成本超支</td><td>成本节支</td><td>成本节支</td><td></td><td></td></tr>
</table>

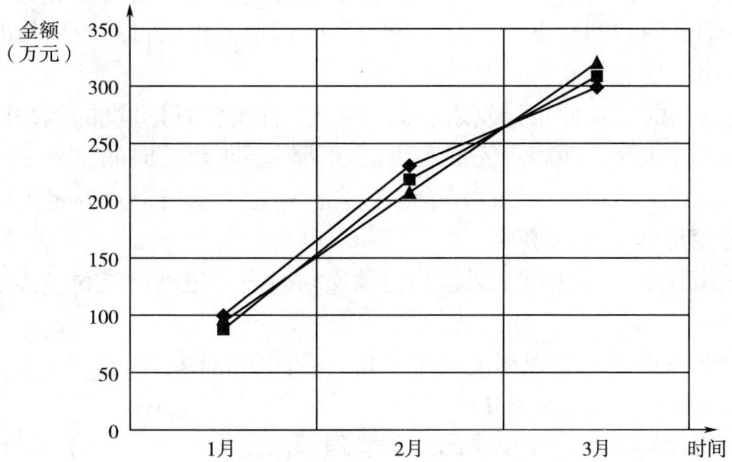

图 5.1.1　挣值法评价曲线图示例

注：—◆—计划工程量的预算成本（*BCWS*）（累计）；—■—已完工程量的预算成本（*BCWP*）（累计）；—▲—已完工程量的实际成本（*ACWP*）（累计）。

第二节　项目资金使用计划

施工阶段，通过编制项目资金使用计划，为发包人提供资金筹集和使用决策的依据。

一、编制资金使用计划依据

（1）各类合同；

（2）投标文件（含报价清单）；

（3）批准的施工组织设计（含进度计划）；

（4）概算文件。

二、编制资金使用计划程序

（1）收集施工合同、施工组织设计和招标投标文件等相关资料；

（2）根据委托人的需求，采用不同的方法编制项目资金使用计划表。

三、编制资金使用计划方法及注意事项

1. 编制资金使用计划方法

施工阶段的项目资金使用计划是根据实施阶段涉及的各类工程、服务及采购合同的价款及支付条款，分合同分周期对项目的资金使用进行分解和计划。

工程项目的投资是分阶段、分期支出的，投资资金合理使用与资金的时间安排有密切关系。为减少资金占用和利息支出，便于统筹筹措资金，将项目总投资按其使用时间进行分解编制资金使用计划表是非常有必要的。

按时间进度编制的资金使用计划表，通常可利用控制项目进度的网络图进一步扩充而来。即建立网络图时，一方面确定完成各项活动所需要花费的时间，另一方面同时确定完成这一活动需要投资支出预算，同时结合承包合同约定的支付节点确定支付时间。

2. 编制资金使用计划注意事项

（1）资金使用计划应与计划工期、预付款支付时间、进度款支付节点、竣工结算支付节点等相符；

（2）项目资金使用计划应根据工程量变化、合同价款动态调整、工期、发包人资金情况等定期或适时调整；

（3）资金使用计划应和建设单位的工程管理部门、成本部门、财务部门等相关部门进行充分沟通确定。

四、资金使用计划成果文件及要求

1. 资金使用计划成果文件

项目资金使用计划编制成果文件为项目资金使用计划表。

2. 资金使用计划要求

（1）符合项目实际情况；

（2）对发包人的资金组织安排工作有指导性。

五、案例

某项目施工合同金额为 5 100 万元，主要由 A、B、C、D、E 五个项目组成，根据施工合同和投标文件，各项目的造价金额分别为 1 250 万元、1 238 万元、838 万元、1 000

万元和360万元；合同工期为6个月，计划2021年3月开工；预付款比例为合同价的10%，在施工单位进场后10日内支付，在前三期进度款中平均扣回；进度款支付比例为当月完成产值的80%；项目竣工后2个月内完成竣工结算审核时支付到结算金额的95%，剩余5%在质保期满后支付；建设单位要求咨询单位编制资金使用计划。

咨询单位根据施工合同约定结合投标文件及批准的施工组织设计等资料在和建设单位工程部、成本部和财务部等部门充分沟通后，为委托单位编制了本项目的资金使用计划，详细内容详见表5.2.1。

表5.2.1　某项目资金使用计划表

单位：万元

序号	项目名称	2021年							质保期满	小计
		3月	4月	5月	6月	7月	8月	竣工结算后		
1	A项目	200	180	220	240	160	0	188	63	1 250
2	B项目	150	120	200	260	180	80	186	62	1 238
3	C项目	120	80	120	150	120	80	126	42	838
4	D项目	100	50	150	200	180	120	150	50	1 000
5	E项目	36	0	52	80	80	40	54	18	360
合计		570	430	690	850	640	280	703	234	5 100

说明：A、B、C、D、E项目每月的金额是根据施工组织设计中的计划完成量乘以投标文件中的综合单价（全费用综合单位）计算的结果。

第三节　施工现场投资管控重点

项目全过程咨询相比于事后审核，最大的优势就是能掌握施工现场实施情况的真实性，掌握第一手的资料和信息。

一、施工现场投资管控内容

1. 按图施工内容

主要包括图纸会审内容落实、隐蔽工程控制和现场施工控制。

（1）图审内容落实。主要是图纸会审内容在现场的实施情况。如果图审内容已经变为设计变更的，按照设计变更的管理流程处理。

（2）隐蔽工程。

1）土方高程抄测。包括原始地貌高程抄测、基坑高程抄测、换填高程抄测、回填后高程抄测等。咨询人员应参与高程抄测过程，注意基准点高程的校核和过程中每个点高程的抄测。

2）主体结构的隐蔽。结构尺寸与设计施工图的内容一致性，如垫层厚度、钢筋直径与间距、结构混凝土的尺寸等。

3）装饰安装工程隐蔽控制。主要是检查装饰安装工程与设计施工图内容的一致性，该部分内容为施工现场投资关注的重点，也是现场最容易出现偏差的内容。①隐蔽前应检查现场使用的材料的品牌、规格等参数等与设计施工图是否一致；②施工到位情况。隐蔽前检查施工厚度和施工位置等。如抹灰厚度、保温层厚度、找平层厚度、防水涂膜厚度、屋面刚性层厚度等。施工部位主要是管道井、检查井、卫生间等是否施工到位。

2. 现场影响造价的内容

（1）措施方案。如土方外弃运距、排水、降水、马凳筋、护壁、锚杆、脚手架等措施是否按照施工组织设计（或专项实施方案）施工。

（2）进场材料（设备）情况。如进场的钢材、防水材料、装饰材料和安装材料（设备）是否与施工合同和招投标文件约定一致。

（3）工期。①根据每周的例会汇报工程进展情况与施工组织设计的工期进行对比，出现关键线路上项目延期时，应及时提出工期延误风险；②发生工期提前或延误事件时，应记录现场人工、机械等投入情况，计算对投资造成的影响，为顺利处理承包人的索赔积累原始资料。

（4）暂估价项目。暂估价分为材料暂估价和专业工程暂估价两部分，当暂估价项目的图纸达到可以施工的标准时，其处理原则如下：①暂估价金额达到《必须招标的工程项目规定》（国家发改委 2018 年第 16 号令）招标条件时应进行招标；②暂估价金额未达到招标条件的，应根据施工总承包合同中的约定和发包人内部管理制度中对暂估价的处理办法进行处理；③以上两条均不适用时，材料暂估价参照本章第七节“新增材料（设备）核价”；专业工程暂估价参照本章第六节工程变更进行处理。

（5）突发事件影响。①对影响投资的突发事件，如政策文件、国际事件等不可抗力，及时测算事件对投资的影响金额，并记录事件对项目投资影响过程；②根据施工合同约定向发包人提供咨询意见或者建议。

（6）变更、签证和索赔的处理。详见本章第六节相关内容。

3. 资料收集

（1）变更签证资料收集。包括对变更、签证等资料的印证资料的收集，主要是现场草签单、影像资料、变更签证资料等。

（2）索赔资料收集。现场发生索赔事件时，应及时收集整理与索赔事件相关的资料。如索赔报告及现场草签单、影像等附件资料。

（3）材料（设备）价格资料收集。主要包括信息价、材料核价单等。

（4）隐蔽资料收集。如原始地貌高程、换填回填高程资料、主体隐蔽资料、装饰安装工程隐蔽资料以及隐蔽前的影像资料等。

（5）施工组织及措施方案收集。收集经批准的施工组织设计和专项施工方案。

（6）进度款审批资料。每月的形象进度确认资料、进度款审批资料等。

（7）施工现场巡查资料。包括现场巡查记录、现场施工的影像资料等。

（8）其他与投资有关的资料收集。

二、施工现场投资管控依据

（1）施工合同；
（2）招标投标文件；
（3）设计施工图纸；
（4）施工过程资料。

三、施工现场投资管控程序

（1）发现问题。咨询人员在现场巡查或者通过会议、资料等发现现场存在影响投资的问题。

（2）了解情况。根据发现的问题进行深入了解，了解问题产生的原因、过程和影响的投资情况等。

（3）向委托人反馈信息。了解问题情况后，根据问题的严重程度，口头或书面向发包人反馈信息。

（4）问题处理。委托人根据反馈信息进行处理，咨询人员应落实处理情况。

四、施工现场投资管控注意事项

（1）咨询人员应不定期到现场进行巡查，对巡查发现的问题及时形成巡查记录向发包人汇报，当发生的事件影响投资时，应积极测算影响的投资金额并向委托人汇报和提供咨询意见。巡场记录应包括部位、巡场事项、内容描述等相关内容，并追踪最后的处理结果。

（2）现场照片应注意标注项目名称、照片施工区域、照片内容、照片时间等相关内容，如图 5.3.1 所示。

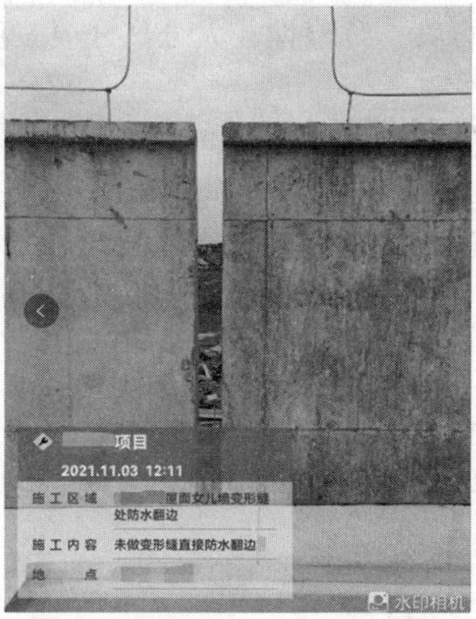

图 5.3.1　现场照片标注示例

五、施工现场投资管控成果文件

成果文件包含业务联系函或者风险提示报告。

六、案例

某综合管廊工程埋深15m，根据设计要求，边坡采用6m长锚杆和钢筋网片喷锚支护。咨询人员在现场巡查过程中发现，大部分的锚杆打孔深度只有5m左右，因此，咨询人员将做好的现场巡查记录和相关影像资料一起报送给建设单位。建设单位高度重视，通过每月开展的现场质量检查活动提醒承包人应加强对班组的施工质量进行管理，对不合格的项目进行整改。经施工单位整改，在锚杆成孔验收时，成孔深度已经达到设计深度，圆满的解决了现场巡查中发现的影响造价计算的问题。

第四节　施工方案技术经济分析

通过施工方案的技术经济分析，对单方案进行优化，在多方案中选择最优方案进行再优化，在满足使用功能的前提下，最大限度地降低施工方案（含专项方案）的成本。

一、施工过程中涉及的主要施工方案

（1）施工组织设计；

（2）专项施工方案，主要包括土石方施工及调配方案、桩基施工方案、降排水施工方案、基坑支护方案、边坡支护方案、混凝土施工方案、钢筋施工方案、防水施工方案、安全文明施工方案、脚手架施工方案、危险性较大分部分项工程专项方案等。

二、施工方案技术经济分析内容

评价施工方案（含专项方案）是否可行，需要同时从技术可行与经济合理两个方面进行评价，通常施工方案（含专项方案）会有单个或多个，本节将从单方案和多方案分别列出施工方案（含专项方案）的分析内容。

1. 技术可行性分析

施工方案（含专项方案）的技术可行性分析参照第三章第四节“设计方案经济分析”的内容。

2. 经济分析

（1）单方案经济分析。

1）根据招标文件、投标文件、施工合同、施工图纸、经评审技术可行的施工方案

(含专项方案)、《建设工程工程量清单计价规范》GB 50500、项目所在地计价定额或行业定额等计价依据及其相关配套文件的规定、项目所在地的材料价格信息等资料，对施工方案（含专项方案）进行计量计价，确定方案涉及的总投资。

2）对标类似项目的类似施工方案（含专项方案）的投资指标，寻找可以优化的关键内容。

3）用价值工程对功能和成本进行分析，在满足功能的前提下，降低成本。

（2）多方案经济分析。

1）根据招标文件、投标文件、施工合同、施工图纸、经评审技术可行的施工方案(含专项方案)、《建设工程工程量清单计价规范》GB 50500、项目所在地计价定额或行业定额等计价依据及其相关配套文件的规定、项目所在地的材料价格信息等资料，对每个施工方案（含专项方案）进行计量计价，确定方案涉及的总投资。

2）对所有可以满足要求的施工方案（含专项方案）进行投资分析，确定投资最低的方案为拟采用方案。

3）对标类似项目的类似施工方案（含专项方案）的投资指标，寻找可以优化的关键内容。

4）用价值工程对拟采用方案的功能和成本进行分析，在满足功能的前提下，降低成本。

三、施工方案技术经济分析依据

（1）招标文件；
（2）投标报价（含报价文件)；
（3）施工合同；
（4）经技术评审通过的施工方案（含专项方案)；
（5)《建设工程工程量清单计价规范》GB 50500 及其相关配套文件的规定；
（6）项目所在地计价定额或行业定额等计价依据及其相关配套文件的规定；
（7）项目所在地的材料价格信息等其他相关资料。

四、施工方案技术经济分析程序

（1）收集、整理与施工方案（含专项方案）分析有关的基础资料与数据等资料；
（2）对施工方案（含专项方案）进行技术经济分析；
（3）对比各施工方案（含专项方案）投资的差异，分析原因；
（4）提出合理化建议，形成施工方案（含专项方案）技术经济分析报告。

五、施工方案技术经济分析方法及注意事项

1. 技术经济分析方法

（1）对比分析法。通过多个方案进行对比，发现最优方案；

（2）经验分析法。通过与以往项目的对标，优化方案。

2. 注意事项

（1）仅对技术可行的施工方案（含专项方案）进行经济分析；

（2）进行经济分析时应区别对待单方案和多方案的情形。

六、施工方案技术经济分析成果文件及要求

1. 技术经济分析成果文件

施工方案（含专项方案）的分析成果为施工方案（含专项方案）技术经济分析报告，主要包含封面、签署页、编制说明、技术可行性分析结果、类似项目对标分析表、价值工程优化分析表、方案投资计算分析表等。

2. 技术经济分析要求

（1）应符合工程施工合同的要求；

（2）应符合现行国家标准《建设工程工程量清单计价规范》GB 50500、项目所在地计价定额或行业定额等计价依据及其相关配套文件的规定；

（3）计算依据充分，计算方法适宜，分析结论明确；

（4）成果文件提交及时、满足确定方案及施工工期的需要，内容全面、完整。

七、案例

案例一：土方外弃专项方案的确认

某项目，建筑面积300 000m^2，由多栋新建建筑组成。该项目采用EPC模式发包，存在大量土方外弃，因此，需要各参建单位施工过程中确认现场土方外弃运距。承包人报送土方外弃专项方案，方案显示外弃土方量约800 000m^3，因当地堆场较小，拟运往四个堆场弃土，弃土运距分别为17km、27km、20km和11km，要求发包人确认土方运距。

咨询单位通过市场调研，发现该地堆场较多，运距在5km左右，且在该项目边上正在修建高速公路，需要大量填土。因此，承包人报送土方外弃运距与实际情况可能不符合。现场土方施工已经开始一段时间，土方外弃运距始终不能确定，不但影响项目施工，还影响费用支付等，且承包人以土方外弃运距未确认怠工。经多次开会，最终达成的意见是：①承包人报送土方施工计划，并每日上报前一日的土方外弃量；②承包人上报外弃运输车辆的牌照；③以发包人、监理单位、承包人和咨询单位四方中的两方及以上人员随机跟踪渣土车外弃到堆场的距离，进行加权平均计算运距。

在土方施工的7个月中，各参建单位共进行了19次跟踪，共有7个堆场，参与跟踪的单位主要以发包人、监理单位和咨询单位为主，也有几次有承包人参与。经过以上各单位的努力，最终大家计算出的土方外弃运距为5km。

每次跟踪过程中均应做好以下记录：①导航图上的运距；②运渣车出工地的照片和在弃土场的相关照片；③堆场的相关照片；④跟踪车辆的运距确认；⑤跟踪人员及时间记录等。在项目实施完成后，咨询人应收集相关资料和影像资料，向发包人提供外弃土方运距

的咨询报告，各参建单位根据报告形成外弃土方运距确认资料。

案例二：某小区化粪池移位施工方案经济分析

某小区在修建过程中因化粪池移位，需增加化粪池到外接市政污水管的连接管，市政污水管的连接处在小区外公路对面，横跨一条市政道路主管道，管线长度53m。因此，考虑在不影响市政通行的情况下采用顶管施工。顶管工程采用*DN*800（外径960mm，内径800mm）“F”型钢承口式钢筋混凝土Ⅲ级管。工作井采用矩形井，直径5m，井身为钢筋混凝土结构采用逆作法施工。顶管位置以杂填土、粉质粘土（可塑）为主，顶管施工存在地土质松软、含水量大等不利因素。承包人编制顶管施工方案并报送费用40.5万元。

项目审核依据如下：①施工合同；②招投标文件；③顶管施工方案；④成都市工程信息价及市场价。

审核结果。根据批准的顶管施工方案计算工程量并和施工单位核对后确定为：顶管工作井（5m×5m×4m）1座，顶管混凝土管*DN*800长度53m，破除现状路面33.64m^2，回填土131.67m^3，HDPE双壁波纹排水管*DN*300长度50m，管道砂垫层31.5m^3，污水检查井1座等，根据施工合同约定的计价办法计算的本施工方案的造价为37.4万元，审减金额3.1万元，审减率为7.65%。

第五节　工程预付款和进度款审核

工程预付款和进度款审核是以事实为依据，按合同约定支付相应款项，保证项目顺利推进，防止建设单位资金使用风险。同时约束承包人履行合同义务，实现“质量、工期、投资”三大控制目标，使工程计量、支付工作更加科学化、程序化、合理化。

一、工程预付款和进度款审核内容

1. 工程预付款审核

根据施工合同约定对承包人提交的工程预付款报表进行审核，并向发包人提交预付款支付审核意见。承包人应向发包人提供与预付款等额的预付款保函，预付款应根据施工合同约定从每一个支付期应支付给承包人的工程进度款中扣回，直到扣回的金额达到合同约定的预付款金额为止。

安全文明施工费必须按国家或省级、行业建设主管部门的规定计算。发包人应在工程开工后按合同约定的比例支付当年施工进度计划的安全文明施工费，其余部分应按照提前安排的原则进行分解，并应与进度款同期支付。

发包人应当按照合同约定及时拨付工程款，并将人工费用及时足额拨付至农民工工资专用账户，加强对施工总承包人按时足额支付农民工工资的监督。

2. 工程进度款审核

根据施工合同形式的不同，工程进度款审核主要分为按单价合同和总价合同支付进度款。

（1）单价合同进度款审核。根据工程施工或采购合同中有关工程计量周期及合同价款支付时点的约定对承包人提交的工程计量报告与合同价款支付申请进行审核，确定本期应付合同价款金额，并向发包人提交合同价款支付审核意见。

1）现场确定施工形象进度。在承包人报送进度款前，发包人、承包人及咨询单位应现场确定施工形象进度，统一进度款计算范围和界面。

2）审核工程计量结果。审核工程计量结果有效性和准确性。审核是否按计量规则计算工程量；是否属于该计量项目的范围，避免重复计量；按施工合同、设计图纸结合施工现场进行审核工程量。

3）审核分部分项工程综合单价。审核分部分项工程综合单价的正确性。对于施工过程中未发生变化的分部分项工程，其综合单价应按照投标文件中的综合单价计取；施工过程中因政策、物价波动、工程量清单内容错项、漏项、设计变更、工程量增减等原因引起的综合单价发生变化的分部分项工程，其综合单价要严格按照合同约定的调整方法进行调整，并且需经过发、承包双方的确认，避免承包人出现高报、重报、手续不完善的现象。

4）审核进度款支付比例。严格按照合同约定审核进度款支付比例，避免因资金不到位而影响工程进度。

5）审核计日工金额。依据现场签证或变更单上的数量，按投标文件中计日工的综合单价计算本支付周期内应支付的计日工金额。

6）审核应抵扣的预付款。应严格按照合同约定的抵扣办法计算应抵扣预付款的具体金额。

7）审核工程变更、签证和索赔金额。按照施工合同的变更、签证和索赔计算办法对应在本周期支付的已确认的造价进行审核。

8）审核安全文明施工费。安全文明施工费应按施工合同约定的支付计划支付。

（2）总价包干合同的支付。

1）分解合同金额。根据施工合同和工程总承包单位提供的施工组织设计、施工进度计划等分解合同金额，可参照本章第二节的方式分解，也可以按下列方式分解：①对于工期较短的项目，将总价包干子目的价格按合同约定的计量周期平均分配；②对于合同价值不大的项目，参照每个支付周期内预计完成总价包干子目的金额占合同价相应子目的百分比进行分摊；③根据有合同约束力的进度计划、预先确定的里程碑形象进度节点（或者支付周期）、组成总价包干子目的价格分解到各个形象进度节点（或者支付周期中），汇总形成支付分解表。

2）每支付周期现场确定施工形象进度。按合同约定的支付周期，在承包人报送进度款前，发包人、承包人及咨询单位应现场确定施工形象进度，统一进度款计算范围和界面。

3）进度款审核。咨询人员以现场确认形象进度和分解的合同金额为依据，根据施工合同约定的进度款审核内容、支付比例、预付款扣除、工程变更、签证、索赔费用、安全文明施工费、人工费、质量保证金等进行审核。审核无异议后，提交审核意见，提出应支付的金额，签认后报发包人审批。根据发包人的审批意见向承包人签发工程款支付证书，发包人按合同约定支付进度款。

3. 建立工程款支付台账

建立工程款支付台账，编制“合同价与费用支付情况表”。工程款支付台账应按施工合同分类建立，其内容应包括：合同金额、当期支付金额、当期累计已付工程款金额、当前累计已付工程款比例、未付工程合同价余额、未付工程合同价比例、预计剩余工程用款金额、预计工程总用款与合同价的差值、产生较大或重大偏差的原因分析等。

二、工程预付款和进度款审核依据

（1）《建设工程工程量清单计价规范》GB 50500；
（2）《建设项目全过程投资咨询规程》CECA/GC4；
（3）承发包双方签订的施工合同；
（4）招标投标文件；
（5）工程设计施工图纸；
（6）施工过程中的变更、签证和索赔资料等；
（7）工程形象进度确认单、隐蔽验收资料、分部分项验收合格资料、工程量清单。

三、工程预付款和进度款审核程序

1. 预付款审核程序

承包人按照施工合同约定的预付款金额、安全文明施工费金额以及合同约定应支付的其他费用申请预付款，咨询单位和发包人应按照合同约定并进行审批，发包人应按照审批的金额进行支付。预付款应按照施工合同约定从后续的工程进度款中扣回，直到扣回的金额达到合同约定的预付款金额为止。

安全文明施工费必须按施工合同约定计算。发包人应在工程开工后按合同约定的比例支付当年施工进度计划的安全文明施工费，其余部分应按照提前安排的原则进行分解，并应与进度款同期支付。

2. 进度款审核程序

发包人、咨询单位和承包人应在进度款申报前现场确认当前的形象进度。承包人按照确认的形象进度，根据施工合同中有关工程计量周期及进度款申请约定申报工程进度款。咨询单位根据工程施工合同的约定审核工程计量报告与合同价款支付申请，并向发包人提交合同价款支付审核意见。工程款支付审核意见应包括下列主要内容：

（1）工程合同总价款；
（2）期初累计已完成的合同价款及其占总价款比例；
（3）期末累计已实际支付的合同价款及其占总价款比例；
（4）本期合计完成的合同价款及其占总价款比例；
（5）本期合计应扣减的金额及其占总价款比例；
（6）本期实际应支付的合同价款及其占总价款比例；
（7）其他说明及建议。

进度款审核流程如图 5.5.1 所示。

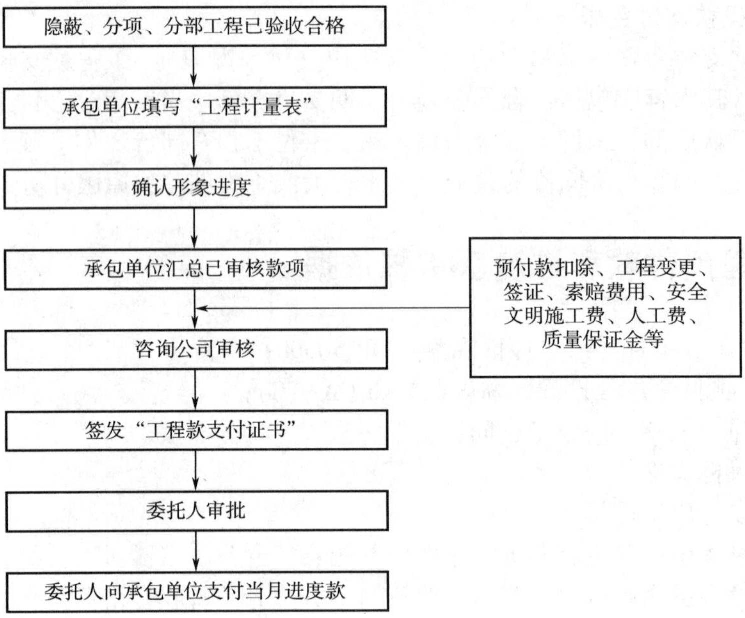

图 5.5.1　进度款审核流程图

四、工程预付款和进度款审核注意事项

预付款和进度款的审核应按照施工合同约定的审批时间完成，并注意以下原则。

（1）工程计量应与合同文件、技术规范、工程量清单、施工图纸一致。

（2）工程计量只对工程量清单所列的工程项目和已批复的变更设计工程项目进行计量，未列入工程量清单的工程项目、未批复的变更设计项目、承包人为方便施工所增加的工程和承包人自身原因造成的不合格、返工的工程，不得计量。

（3）经验收合格且各种检测资料齐全方可计量。

（4）凡与工程计量有关的一切凭证，承包人均应提交咨询人员审核；承包人应保存一套完整的与工程计量有关的详细资料，以备核查。

（5）计量的工程必须是合格产品，若发现已计量工程有缺陷，承包人必须承担无偿修复或返工，且有权在当期计量中扣除已计量缺陷工程金额。

（6）工程计量应采用合同文件中的计量单位，当因工程变更出现新的项目时，应采用变更工程相应的技术规范、规定或补充技术规范中的计量单位。

（7）计量按批准的图纸经现场核实后进行，超过图纸所示的任何长度、面积、体积都不予计量支付，除非另有批准（书面指令）；凡技术规范、规定已包括在工程量清单所列有关支付项目中的工程和工作内容，均不另行计量。

五、工程预付款和进度款审核成果文件

（1）工程计量与支付表。

（2）工程进度款支付申请（核准）表。

（3）合同价与费用支付情况表，应包括下列主要内容：工程合同总价款，期初累计已完成的合同价款及其占总价款比例，期末累计已实际支付的合同价款及其占总价款比例，本期合计完成的合同价款及其占总价款比例，本期合计应扣减的金额及其占总价款比例，本期实际应支付的合同价款及其占总价款比例，其他说明及建议。

（4）工程款支付证书。

六、案例

1. 项目概况

某工程项目发承包双方签订了建设工程施工合同，工期 5 个月，有关背景资料如下：

（1）分项工程项目费用合计 824 000 元包括分项工程 A、B、C 三项，清单工程量分别为 $800m^3$、$1\ 000m^3$、$1\ 100m^2$，综合单价分别为 280 元/m^3、380 元/m^3、200 元/m^2，当分项工程项目工程量增加（或减少）幅度超过 15%时，综合单价调整系数为 0.9（或 1.1）。

（2）单价措施项目费用合计 90 000 元，其中与分项工程 A 配套的单价措施项目费用为 36 000 元，该费用根据分项工程 A 的工程量变化同比例变化，与进度款同期支付，其他单价措施项目费用不予调整。

（3）总价措施项目费用合计 130 000 元，其中安全文明施工费按分项工程和单价措施项目费用之和的 5%计取，该费用根据计取基数变化在第 5 个月统调整支付，其余总价措施项目费用不予调整。

（4）其他项目费用合计 206 000 元，包括暂列金额 80 000 元和需分包的专业工程暂估价 10 000 元（另计总承包服务费 5%）。

（5）上述工程费用均不包含增值税可抵扣进项税额。

（6）管理费和利润按分部分项费、措施费和其他项目费用之和的 20%计取，规费按分部分项费、措施费、其他项目、管理费和利润之和的 6%计取，增值税税率为 9%。

2. 工程款支付情况

（1）开工前，发包人按签约合同价（扣除暂列金额和安全文明施工费）的 20%支付给承包人作为预付款（在施工期间的第 2~4 个月的工程款中平均扣回），同时将安全文明施工费按工程款支付方式提前支付给承包人。

（2）分项工程项目工程款逐月结算。

（3）除安全文明施工费之外的措施项目工程款在施工期间的第 1~4 个月平均支付。

（4）其他项目工程款在发生当月结算。

（5）发包人按每次承包人应得工程款的 90%支付。

（6）发包人在承包人提交竣工结算报告后的 30 天内完成审查工作，承包人向发包人提供所在开户银行出具的工程质量保函（保函额为竣工结算价的 3%），并完成结清支付。

施工期间各月分项工程计划和实际完成工程量见表 5.5.1。

表 5.5.1 施工期间各月分项工程计划和实际完成工程量

分项工程工程量（m^3）		施工周期（月）					合计
		第 1 个月	第 2 个月	第 3 个月	第 4 个月	第 5 个月	
A	计划工程量	400	400	—	—	—	800
	实际工程量	300	300	200	—	—	800
B	计划工程量	300	400	300	—	—	1 000
	实际工程量	—	400	400	400	—	1 200
C	计划工程量	—	—	300	400	400	1 100
	实际工程量	—	—	300	450	350	1 100

3. 承包人分别提出预付款申请和进度款申请

承包人根据施工合同的约定，开工前申请支付工程预付款为 341 651. 78 元，其中安全文明施工费为 52 801. 78 元、工程预付款 288 850. 00 元。施工至第 3 个月末承包人提交了进度款支付申请，申请支付工程款 377 859. 13 元。其中，本期已完成的工程价款金额 309 647. 20 元，本期应增加工程变更金额 53 864. 75，本期应支付的措施费金额 45 311. 90 元。

4. 处理结果

（1）预付款审核。根据施工合同的约定：

签约合同价 =（824 000+90 000+130 000+206 000）×（1+6%）×（1+9%）= 1 444 250. 00（元）

安全文明施工费工程款 =（824 000+90 000）×5%×（1+6%）×（1+9%）= 45 700×（1+6%）×（1+9%）= 52 801. 78（元）

预付款 =［1 444 250-（45 700+80 000）×（1+6%）×（1+9%）］×20% = 259 803. 24（元）

应支付安全文明施工费工程款 = 45 700 ×（1 + 6%）×（1 + 9%）× 90% = 47 521. 602 = 47 522. 00（元）

综上，经审核开工前申请支付工程预付款为 307 324. 84 元，其中安全文明施工费为 47 521. 6 元，工程预付款 259 803. 24 元，审减金额 34 326. 94 元，见表 5. 5. 2。

表 5.5.2 工程预付款支付申请（核准）表

序号	名称	申报金额（元）	审核金额（元）	审减金额	计算公式
1	已签约合同款金额	1 444 250. 00	1 444 250. 00		（824 000+90 000+130 000+206 000）×（1+6%）×（1+9%）
1. 1	其中：安全防护、文明施工费金额	52 801. 78	52 801. 78		（824 000+90 000）×59%×（1+6%）×（1+9%）
2	应支付的工程预付款金额	288 850. 00	259 803. 24		［1 444 250-（45 700+80 000）×（1+6%）×（1+9%）］×20%

续表 5.5.2

序号	名称	申报金额（元）	审核金额（元）	审减金额	计算公式
3	应支付的安全防护、文明施工费金额	52 801. 78	47 521. 60	5 280. 18	45 700×(1+6%)×(1+9%)×90%
4	合计应支付的工程预付款金额	341 651. 78	307 324. 84	34 326. 94	2+3

（2）进度款审核。3 月末累计完成分项工程合同价款=(200×280+400×380+300×200)×(1+6%)×(1+9%)= 309 647. 20（元）

本期应增加金额（工程量增加超过 15%）：

工程费={[960−800×(1+15%)]×280×90%+800×15%×280}×(1+6%)×(1+9%)= 50 467. 87（元）

措施费=[36 000÷8 000×160+(43 680+720)×5%]×(1+6%)×(1+9%)= 3 396. 88（元）

本期应抵扣的预付款金额=[1 444 250−(45 700+80 000)×(1+6%)×(1+9%)]×20%÷3= 86 601. 00（元）

本期应支付的措施费金额=(90 000+130 000−45 700)×(1+6%)×(1+9%)÷4×90% = 45 311. 90（元）

综上，经审核本期实际应支付的工程价款金额=309 647. 2×90%+(50 467. 87+3 396. 88)×90%−86 601+45 311. 9=285 871. 65（元），审减金额 91 987. 5 元（见表 5. 5. 3）。

表 5. 5. 3　工程进度款支付申请（核准）表

序号	名称	申报金额（元）	审核金额（元）	审减金额（元）	计算公式
1	本期已完成的工程价款金额	309 647. 20	309 647. 20		(200×280+400×380+300×200)×(1+6%)×(1+9%)= 309 647. 2（元）
2	本期应增加和扣减的变更金额（工程量增加超过 15%）	53 864. 75	53 864. 75×90% = 48 478. 275	5 386. 50	工程费={[960−800×(1+15%)]×280×90%+800×15%×280}×(1+6%)×(1+9%)= 50 467. 87(元)；措施费=[36 000÷8 000×160+(43 680+720)×5%]×(1+6%)×(1+9%)= 3 396. 88（元）
3	本期应抵扣的预付款金额		86 601. 00	86 601. 00	[1 444 250−(45 700+80 000)×(1+6%)×(1+9%)]×20%÷3= 86 601（元）

续表 5.5.3

序号	名称	申报金额（元）	审核金额（元）	审减金额（元）	计算公式
4	本期应支付的措施费金额	45 311.90	45 311.90		(90 000+130 000−45 700)×(1+6%)×(1+9%)÷4×90% = 45 311.9（元）
5	本期实际应支付的工程价款金额	377 859.13	285 871.63	91 987.50	(1)×90%+(2)×90%+(4)−(3)

第六节　工程变更、签证及索赔管理

工程变更、签证及索赔均属于施工阶段合同价款动态变化的影响因素。全过程咨询单位应协助建设单位实现相应调整事项的合理性、真实性、效益性。

一、工程变更和签证管理

1. 工程变更和签证管理内容

（1）工程变更类别：

1）设计图纸变更；

2）措施方案变更；

3）材料变更；

4）其他变更。

（2）变更估价原则。除专用合同条件另有约定外，变更估价原则如下：

1）合同中未包含价格清单，合同价格应按照所执行的变更工程的成本加利润调整；

2）合同中包含价格清单，合同价格按照如下规则调整：①价格清单中有适用于变更工程项目的，应采用该项目的费率和价格；②价格清单中没有适用但有类似于变更工程项目的，可在合理范围内参照类似项目的费率或价格；③价格清单中没有适用也没有类似于变更工程项目的，该工程项目应按成本加利润原则调整适用新的费率或价格。

（3）工程变更的审核。

1）工程变更、签证确认前，应对工程变更、签证可能引起的费用变化进行测算并提出建议。

2）工程变更、签证确认时，应根据施工合同的约定进行审核，审核应包括下列内容：①变更、签证理由的必要性和合理性；②变更、签证程序的合法性、合规性和有效性；③变更、签证方案的可行性和经济性；④变更、签证价款计算的准确性。

3）因变更引起工期变化的，应按照施工合同的约定调整工期。

2. 工程变更和签证审核依据

（1）施工合同；

（2）投标文件；

（3）设计施工图纸；

（4）变更、签证资料；

（5）人工、材料、机械台班的信息价以及市场价格。

3. 工程变更和签证管理程序

工程变更流程如图 5.6.1 所示。

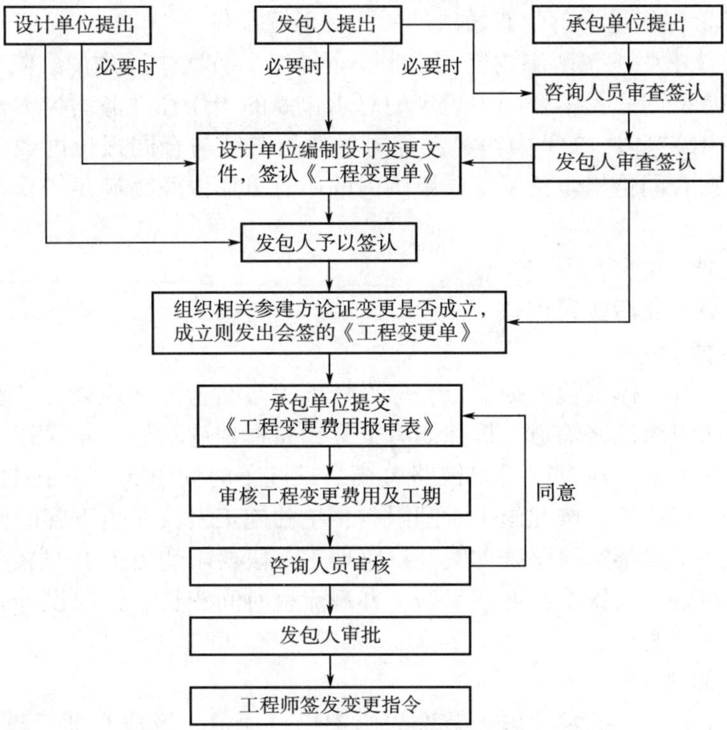

图 5.6.1　工程变更流程图

4. 工程变更和签证管理方法及注意事项

（1）工程变更应坚持先审批后实施、实事求是和多方案择优的原则。

（2）工程变更审批时，应对工程变更产生的原因、工期影响、投资变化、工程变更的合理性、合法性进行分析。

（3）图纸会审纪要仅作为工程变更发生的附件，涉及费用变更均需按工程变更原则、程序办理。

5. 工程变更和签证管理成果文件

（1）工程变更审批表、工程签证审批表；

（2）工程变更台账、工程签证台账。

6. 案例

案例一：变更事由不成立的案例

项目概况：某工业厂房的单层车间，建筑面积 135 000m^2，高度 14.5m，长度 600m，宽度180m，为独立柱基、柱和梁采用现浇混凝土，屋架及屋面板采用预制。合同形式为总价包干合同，包干的内容和范围为招标图纸显示内容和范围。

变更事由：承包人以招标时的结构图纸中没有关于屋面变形缝的详细做法为由要求增加变形缝女儿墙及盖板做法和相应的费用。

经查实，此变更不成立。原因如下：

（1）招标图中建筑图纸上有图集索引变形缝做法及标注女儿墙的标高，图集索引显示变形缝做法为西南图集18J201。

（2）在已标价工程量清单中有做法的屋面变形缝报价。

（3）合同协议书中承包范围内容约定本工程图纸、方案中所列的、隐含的或按照惯例应由总承包商完成的内容及本合同中规定的总承包商的责任和义务均为本合同范围。

（4）合同专用条款中12.1中约定：合同附件的图纸与合同报价内数量的任何差异都不构成变更；本次合同价格包括了工作范围内的所有工作以及为满足工作范围内工作的所有赶工措施。

根据以上依据，该变更不成立。

案例二：变更成立后费用审核

1. 项目基本情况

某道路扩能提升主体工程涉铁节点，原设计施工方案为按常规施工节奏先施工慢行通道，形成交通后再封闭道路辅道，拆除既有下穿铁路框架后新建16m宽下穿框架。某铁路工务段对涉铁施工方案审核时，提出铁路单线封锁施工时间每天限制在2h内，节日及国家重大会议期间不得施工。按此施工时间限制，单独施工慢行通道下穿时间至少需要7个月，且原设计工字钢梁架空铁路线方案经铁路局工务段要求变更为D型梁架空设计方案并需重新报铁路局审核。涉铁手续办理复杂，办理流程时间较长。按原设计施工工期安排已经不能满足合同工期要求。

2. 变更内容简述

变更前的施工方案：按常规施工节奏先施工慢行通道，形成交通后再封闭道路辅道，拆除既有下穿铁路框架后新建16m宽下穿框架。

变更后的施工方案：通过搭设钢便桥的方式使非机动车及行人短距离跨越施工区域后，采取封闭道路铁路桥下内外环辅道的方式，对内外侧辅道（慢行通道及快行通道）同时展开施工缩短工期。

3. 变更审核依据

（1）招标文件；

（2）中标文件；

（3）施工合同；

（4）施工图纸；

（5）设计方案变更会会议纪要；

（6）保通栈桥施工图。

4. 审核结论

（1）工程量审核情况。经审核，挖基坑（沟槽）土石方为1 493.752m^3；基坑、沟槽回填土石方为1 200.568m^3；余方弃置为293.184m^3；砖砌保护墙为37.977m^3；基坑、沟槽回填砂砾石为 189.394m^3；临时 C35 混凝土路面为 36.195m^3；C15 混凝土垫层为 32.519m^3；C30 独立基础为 260.665m^3；现浇构件钢筋螺纹钢 HRB400 为 56.55t；墙面一般抹灰为 67.52m^2；贝雷梁 Q345C321 型为 108.938t；钢梁Ⅰ20b 为 61.205t；钢梁Ⅰ10 为 41.328t；钢梁Ⅰ45b 为 17.847t；钢护栏 Q235bϕ48.3×3 为 0.735t；钢管剪力撑为 9.176t；钢管柱 ϕ609×12 为 23.043t；钢走道 10 厚花纹板为 85.962t；16 厚钢板为 9.037t；零星钢构件为 6.154t；预埋铁件为 0.581t；贝雷梁 Q345C321 型拆除为 108.938t；钢梁拆除为 120.38t；钢护栏 Q235bϕ48.3×3 拆除 0.735t；钢管剪力撑拆除 9.176t；钢管柱 ϕ609×12 拆除 23.043t；钢走道 10 厚花纹板拆除 85.962t；16 厚钢板拆除 9.037t；零星钢构件拆除 6.154t；拆除砖石结构 37.977m^3；拆除路基路面 225.589m^3；拆除混凝土结构 293.184m^3；钢梁、钢管柱回收 254.487t；桥面防滑橡胶地面 1 458m^2；限位器橡胶支座 136 个；预制路缘石（15×35×100）390m；20cm 厚 4% 水泥稳定碎石为 771.4m^2；人行道块料铺设（新建）548.56m^2；人行道块料铺设（恢复）222.84m^2；绿化恢复 676.95m^2；满堂脚手架 1 458m^2；基础垫层模板安拆 43.695m^2；独立基础模板安拆为 410.113m^2；大型机械设备进出场及安拆 1 项；桥梁日常维护与检修 388 天；行车行人干扰 1 项。

（2）费用审核情况。该变更报审直接工程费 4 258 466.57 元，审核后直接工程费 3 791 789.32 元，审减金额 466 677.25 元，审减率 10.96%。

（3）费用增加情况。本次变更报审增加直接费占合同金额 0.71%；占暂列金 8.72%。

二、索赔管理

建设工程索赔通常是指在工程合同履行过程中，合同一方因对方不履行或未能正确履行合同或者由于其他非自身因素而受到经济损失或权利损害，通过合同规定的程序向对方提出经济或时间补偿要求的行为。是发包人或承包人因对方的过错而造成己方尚未损失得到补偿或者最小化，是对自身权益的一种维护措施。

（一）索赔管理内容

工程索赔包括经济索赔和工期索赔。经济索赔是合同一方向另一方要求补偿不应该由自己承担的经济损失或额外开支，也就是取得合理的经济补偿。通常，人们将经济索赔具体地称为“费用索赔”。工期索赔是承包商向发包人要求延长施工的时间，使原定的工程竣工日期顺延一段合理的时间。

1. 索赔应同时满足下列条件

（1）承包人在施工合同约定的期限内提出费用索赔；

（2）索赔事件是因非自身原因造成，且符合施工合同约定；

（3）索赔事件造成索赔方直接经济损失或工期损失。

2. 工程索赔的审核应包括下列内容

（1）索赔事项的时效性、程序的有效性和相关手续的完整性；

（2）索赔理由的真实性和正当性；

（3）索赔资料的全面性和完整性；

（4）索赔依据的关联性；
（5）索赔工期和索赔费用计算的准确性。

（二）索赔管理依据

（1）招标文件、施工合同、施工组织设计、设计施工图纸；
（2）往来函件；
（3）变更、签证；
（4）会议纪要；
（5）相关照片及影像资料；
（6）施工日志；
（7）建筑材料和设备采购、订货运输使用记录等；
（8）其他相关资料。

（三）索赔管理程序

承包人索赔的处理流程图见图 5.6.2。

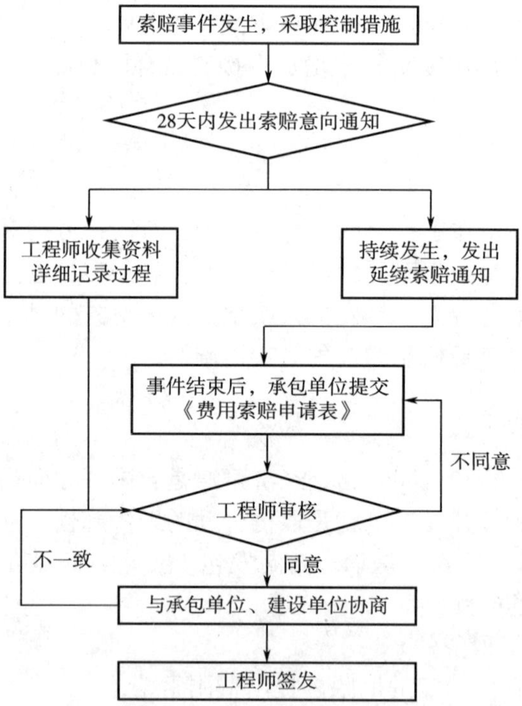

图 5.6.2 承包人索赔的处理流程图

1. 承包人索赔的处理程序

（1）索赔事件发生后按施工合同约定时间发出索赔意向通知；

（2）发出索赔意向通知后按施工合同约定时间提出延长工期和（或）补偿经济损失的索赔报告及有关资料；

(3) 咨询单位应在收到索赔报告后按施工合同约定时间完成审查并报送发包人。对索赔报告存在异议的，有权要求承包人提交全部原始记录副本；

(4) 发包人应在收到索赔报告或有关索赔的进一步证明材料后约定时间内向承包人出具经发包人签认的索赔处理结果；

(5) 当该索赔事件持续进行时，承包人应当阶段性发出索赔意向，在索赔事件终了后按施工合同约定时间，送交索赔的有关资料和最终索赔报告。

2. 发包人索赔的处理程序

(1) 承包人收到发包人提交的索赔报告后，应及时审查索赔报告的内容、查验发包人证明材料。

(2) 承包人应在收到上述索赔报告或有关索赔的进一步证明材料后在施工合同规定时间内，将索赔处理结果答复发包人。承包人在收到索赔通知书或有关索赔的进一步证明材料后的 42 天内不予答复的，视为认可索赔。

(3) 发包人接受索赔处理结果的，发包人可从应支付给承包人的合同价款中扣除赔付的金额或延长缺陷责任期；发包人不接受索赔处理结果的，按照合同争议条款约定处理。

（四）索赔管理方法及注意事项

1. 索赔费用计算方法

分项计算法。分部分项法即按照各种索赔事件所引起的费用损失，分别计算索赔款。这种方法比较科学、合理，同时方便审核索赔款项，但计算比较复杂。使用这种方法计算索赔款时，应先分析干扰事件引起的费用索赔项目。然后计算各费用项目的损失值，最后加以汇总。

2. 注意事项

(1) 索赔是双向的，发包人和承包人都可以向对方提出索赔要求；

(2) 索赔事件需要划分责任，没有责任一方要求有责任一方承担相应损失；

(3) 在索赔事件初发时，承包人是否采取了控制措施。据国际惯例，凡遇偶然事故发生影响工程施工时，承包人有责任采取力所能及的一切措施，防止事态扩大，尽力挽回损失。如确有实施证明承包人在当时未采取任何措施，可拒绝其补偿损失的要求。

（五）索赔管理成果文件

(1) 索赔意向通知书；

(2) 索赔报告；

(3) 索赔报审表；

(4) 索赔台账。

（六）案例

1. 项目概况

某工程项目发承包双方签订的施工合同约定工期 270 天，管理费和利润按人材机费用之和的 20% 计取，规费和增值税税金按人材机费、管理费和利润之和的 13% 计取。人工单价按 150 元/工日计、人工窝工补偿按其单价的 60% 计；施工机械台班单价按 1 200 元/台班计、施工机械闲置补偿按其台班单价的 70% 计。人工窝工和施工机械闲置补偿均不计取管理费和利润（按不含税价格考虑）。

2. 施工过程中发生了索赔事件

某分项工程（非关键工作，其总时差为 10 天）施工至第 15 天时发现地下埋藏文物，由相关部门进行了处置，造成承包人停工 10 天，人员窝工 110 个工日、施工机械闲置 20 个台班。配合文物处置承包人发生人工费 3 000 元，保护措施费 1 600 元。事件发生后，承包人按合同约定时间内向发包人提出工期延期 10 天和费用索赔 51 641 元。

3. 处理结果

接到索赔意向通知后，咨询人员应及时收集资料记录事件发生经过，直至事件结束。事件结束后根据具体情况妥善处理索赔申请报告，分别对工期和费用索赔进行审核。

（1）工期索赔不成立。理由：A 工作为非关键工作，其总时差为 10 天，停工 10 天未超过其总时差，对总工期无影响。所以工期索赔不成立。

（2）因发现地下埋藏文物属于发包人应该承担的责任，可以进行费用的索赔，费用索赔成立。

（3）人工窝工补偿按其单价的 60% 计，施工机械闲置补偿按其台班单价的 70% 计。费用索赔额 = (110×150×60% +20×1 200×70%)×(1+13%)+3 000×(1+20%)×(1+13%)+1 600×(1+13%)= 36 047（元）。

综上，索赔事项经审核后，工期不顺延，费用索赔成立，经审核审减 15 594 元。

索赔意向通知书、费用索赔报审表式样见表 5. 6. 1、表 5. 6. 2。

表 5.6.1 索赔意向通知书

工程名称：　　　　　　　　　　　　　　　　　　　　　　　　编号：

致：____ 根据《建设工程施工合同》（条款）的约定，由于发生了事件，且该事件的发生非我方原因所致。为此，我方向__________________（单位）提出索赔要求。 附件：索赔事件资料   提出单位（印章） 负责人（签字）： 日期：

表 5.6.2　费用索赔报审表

工程名称：　　　　　　　　　　　　　　　　　　　　　　　　编号：

致：＿＿＿＿＿＿＿＿＿＿（项目监理机构） 根据施工合同条款，由于的原因，我方申请索赔金额　　（大写），请予批准。 索赔理由： 附件：□索赔金额的计算 　　　□证明材料 承包人项目部（印章） 项目经理（签字、执业印章）： 日期：
审核意见： □不同意此项索赔。 □同意此项索赔，索赔金额为　　（大写）＿＿＿＿＿＿。 同意/不同意索赔的理由： 附件：□索赔审查报告 项目监理机构（印章） 总监理工程师（签字、执业印章）： 日期：
审批意见： 发包人（印章） 发包人代表（签字）： 日期：

第七节　新增材料（设备）核价

对于施工合同约定需要进行核价的材料（设备），全过程咨询单位应通过充分了解市场价格，按约定的程序进行核定，以保证价格的时效性，有利于控制项目投资和项目的推进。

一、确定核价材料（设备）的原则

（1）在项目招标时列为暂估价格的材料（设备），在项目施工过程中需要进行核价；

（2）因变更、签证和索赔等原因导致产生新的材料（设备），根据施工合同约定应进行核价；

（3）施工合同风险分摊条款中约定需通过核价进行价差调整的材料（设备）；

（4）其他原因产生的应进行核价的材料（设备）。

二、新增材料（设备）核价内容

（1）核实材料（设备）的技术参数，如规格、参数、材质、工艺或技术要求、产地、品牌、预估数量等。

（2）核实材料（设备）的价格：通过一种或多种方式询价并核定价格。

三、新增材料（设备）核价依据

（1）施工合同；

（2）招投标文件；

（3）材料设备询价管理办法；

（4）工程造价信息。

四、新增材料（设备）核价程序

（1）制定核价方案：发包人有材料（设备）核价办法的，按办法执行；没有核价办法的，咨询单位应编制核价方案。

（2）核实材料（设备）的资料是否满足核价条件：

1）对材料（设备）的核价条件进行核实，不满足施工合同约定的核价条件不核价。

2）核实材料（设备）的技术参数，如规格、参数、材质、工艺或技术要求、产地、品牌、预估数量等。

3）落实材料（设备）的其他条件，如现款、到场、包装、卸货、材料采管费、税率等。

（3）开展核价工作。

1）发包人、咨询单位和承包人在开展核价前应确定核价原则。

2）按照施工合同、发包人的材料（设备）核价办法或者核价方案开展核价工作。

3）通过一种或多种核价方式进行核价。

（4）出具核价成果。根据施工合同约定出具核价成果。施工合同没有约定时，一般项目大、价值高、品种多的材料（设备）核价后出具材料（设备）核价报告；对于项目小、价值低、品种少的材料（设备）核价后出具材料（设备）核价单。

（5）发包人出具核价单。发包人应根据咨询单位的核价成果文件出具核价单。

五、新增材料（设备）核价方法及注意事项

1. 核价方法

（1）直接询价法。由发包人、监理单位、咨询单位和承包人一起到市场上询价确定价格。在询价前，各方应明确询价后材料价格的确定原则，询价后按照原则由各方签字确定价格。

（2）比价竞价的方法：通过比选的方式确定价格。

（3）招标的方法：通过招投标的方式确定价格。

（4）电话询价方法：通过打生产厂家或经销商的电话进行询价。在询价前，各方应明确询价后材料价格的确定原则，询价后按照原则由各方签证确定价格。

（5）网络查询方法：通过在一些平台网站和询价网站查询材料价格。

（6）委托第三方询价方法：委托专业的第三方询价机构进行询价。

2. 核价注意事项

（1）注意核价的材料（设备）的技术参数应能满足工程要求；

（2）关注供货的供应商或生产厂家的加工能力和供货能力；

（3）关注核定的材料（设备）价格是否包含到场、卸货、材料保管等相关费用。

六、新增材料（设备）核价成果文件

新增材料（设备）的核价成果文件是材料（设备）核价报告或者核价单，并附询价资料作为支撑依据。

第八节　竣工结算审核

在工程竣工验收后及时编制和审核竣工结算，是根据合同约定合理确定项目建筑安装工程费，为发包人和承包人的合同价款支付提供依据。

一、审核原则

（1）竣工结算审核流程应按中国工程建设造价管理协会《建设项目工程结算编审规程》CECA/GC3 的有关规定结合施工合同约定的竣工结算相关条款进行。

（2）咨询单位在项目竣工后，应根据施工阶段全过程投资控制的资料对项目的竣工结算进行审核。

二、竣工结算审核的内容

根据承包人报送的竣工结算书，结合施工合同及施工过程资料进行审核，主要包括建筑安装工程费、设备费和其他施工合同约定包含的费用。

三、审核依据

（1）招标投标文件；

（2）施工合同；

（3）设计文件；

（4）送审的竣工结算书；

（5）施工过程文件：主要包括变更资料、签证资料、索赔资料、材料认质认价单、开竣工报告、图纸会审记录、隐蔽验收资料等。

四、竣工结算审核流程

竣工结算审核流程应按中国工程建设造价管理协会《建设项目工程结算编审规程》CECA/GC3 的有关规定进行。

五、竣工结算审核注意事项

1. 单价合同

（1）工程量按照竣工资料结合施工现场计算。

（2）综合单价按照投标综合单价计算，对于新增项目综合单价应按照施工合同约定组价原则进行组价。

（3）现场施工的措施项目与投标措施项目一致时计取相关费用。

（4）安全文明施工费和规费根据文件规定计取。

（5）施工合同约定有风险分担的，应按照约定计算发包人应承担的风险费用。

2. 总价包干合同

（1）施工合同约定的施工内容现场完成情况。未施工的项目应在竣工结算金额中扣除。未经发包人同意增加的施工项目不计算相关费用。

（2）项目变更费用的计取。根据施工合同约定计算变更的相关费用。

（3）索赔事件费用计取。由于非承包人原因引起的索赔事件应计算增加费用；因为承包人原因引起发包人费用增加的索赔事件，应按照施工合同约定在竣工结算中扣除相关费用。

（4）施工合同约定有风险分担的，按照施工合同约定计算发包人应承担的风险费用。

六、竣工结算审核成果文件

竣工结算审核报告主要包含项目概况、参建单位情况、审核原则、审核依据、审核结果及审核说明等相关内容。

第六章　配合经济鉴证及项目后评价的咨询服务

第一节　配合项目审计的相关工作

根据《工程造价咨询企业服务清单》CCEA/GC 11—2019，经济鉴证类包括项目评审和审计，作为受建设单位委托的全过程咨询单位，在各阶段应配合建设单位接受相关部门对投资估算、设计概算、施工图预算、最高投标限价、工程变更等进行评审。评审主要侧重于造价的准确性。项目审计包括跟踪审计、竣工结算审计、竣工决算审计、专项审计调查等，审计除造价的准确性外，还要关注建设管理的合法合规。全过程咨询单位在服务过程中，也应站在审计角度，对项目管理的合规性进行自查，在审计过程中积极配合，保证所服务的项目经得起审计的检验。

本章所述的审计主要指对政府投资项目的审计以及建设单位上级对下级的内部审计，对建设单位是否正确履职、在项目建设管理中是否存在问题、项目的投资目的是否实现等进行评价。

一、配合审计的重点内容

1. 强调事前事中控制

作为全过程咨询单位，协助建设单位配合审计不是在既成事实的情况下进行补救，而是要在全过程各阶段进行事前、事中控制。特别是在开展全过程咨询的第一时间，收集建设单位与项目建设相关的内控制度，提出查漏补缺的咨询建议；在全过程咨询的过程中，提前预防各环节不合规的事项，及时对建设单位作出风险提示及合理建议。

2. 了解审计范围

政府投资项目审计是对投资政策落实、重大决策、投资绩效、资金使用、项目管理、以及主管部门和建设单位履职尽责等情况进行全面监督。根据《审计署关于进一步完善和规范投资审计工作的意见》（审投发〔2017〕30 号），审计范围涵盖项目重大政策贯彻落实、投资决策、工程项目建设程序、工程项目建设财务、招标投标、工程质量管理、材料设备管理、建设用地和征地拆迁、环境保护和水土保持、工程结算、公共投资绩效审计等主要内容。

二、配合审计项目自查

作为以投资管控为主的全过程咨询，主要关注包括项目履行基本建设程序情况、是否存在超概算（预算）以及招投标、投资控制是否履职、多支付工程款、存在结算不实等问题。更多的审计事项，可参考审计署固定资产投资审计司编写的《公共工程项目跟踪审计指南》。

（一）配合项目立项决策程序情况审计

1. 准备相关资料

（1）项目建议书及其批复文件；

（2）项目规划选址、建设用地规划许可、工程规划设计要求、用地预审、环境影响评价等批复文件；

（3）可行性研究报告及其附件资料，可行性研究报告论证、批复文件；

（4）固定资产节能评估、水土保持、地质灾害评估、压覆矿等批复文件；

（5）与投资决策有关的会议纪要、收发文件等。

2. 在项目决策阶段自查并防止项目立项决策程序相关的问题

（1）投资决策程序的合规性；

（2）审批程序的合规性；

（3）可行性研究报告内容的真实性；

（4）可行性研究报告内容的完整性；

（5）编制依据的充分性；

（6）可行性研究报告的科学性；

（7）可行性研究报告的合理性。

（二）配合概算编制和执行情况审计

1. 准备相关资料

（1）初步设计概算编制审计所需资料见表 6.1.1 所示。

表 6.1.1　初步设计概算编制审计所需资料

序号	资料名称
1	批准的建设项目设计任务书（或批准的可行性研究文件）和主管部门的有关规定等
2	初步设计项目一览表等
3	各专业经过校审并签字的设计图纸、文字说明和主要设备材料表等
4	当地和主管部门的现行建筑工程和专业安装工程的概算定额（或预算定额、综合预算定额）、单位估价表、材料及构配件预算价格、工程费用定额和有关费用规定的文件等
5	现行的有关设备原价及运杂费率，现行的有关其他费用定额、指标和价格等
6	类似工程的概预算及技术经济指标等

（2）设计概算执行情况审计所需资料。项目建设期间的财务账簿、报表、凭证，相关会议记录、纪要等资料。

（3）结算审计所需资料见表 6.1.2 所示。

表 6.1.2　设计概算执行情况审计所需资料

序号	资料名称
1	施工合同、专业分包合同及补充合同，有关材料、设备采购合同等
2	招标投标文件，包括招标答疑文件、投标承诺、中标报价书及其组成内容
3	工程竣工图或施工图、施工图会审记录，经批准的施工组织设计，以及设计变更、工程洽商和相关会议纪要等
4	经批准的开工、竣工报告或停工、复工报告
5	建设工程工程量清单计价规范或工程预算定额、费用定额及价格信息、调价规定等
6	施工监理日志、施工记录等
7	单位工程竣工验收单，隐蔽工程验收资料，工程量测量和确认资料，工程签证，工程索赔资料
8	甲供材料设备出库单；需要时，施工提供相应企业物资设备采购的相关资料
9	经监理、业主单位审核完成的工程结算书

2. 在概算编制及执行各阶段自查并防止相关的问题

（1）概算编制情况审计事项及自查方法见表 6.1.3。

表 6.1.3　概算编制情况审计事项及自查方法

序号	审计事项	自查方法
1	编制人员资格	审查编制人员是否持证上岗，是否具有相应的编制资格
2	编制依据的可行性	审查编制依据的合法性，即采用的各种编制依据是否符合国家有关规定，是否通过有关单位的批准。审查编制依据的时效性，即各种依据，如定额、指标、价格、取费标准等，是否执行的现行规定。审查编制依据的适用范围，即各种编制依据是否按规定的适用范围采用
3	编制深度范围	审查编制说明，即通过审查编制说明检查概算的编制方法、深度和编制依据等重大原则问题。审查编制深度，即审查编制说明和单项工程概算表、单位工程概算表、分项工程概算表等是否完整，是否按有关规定的深度进行编制。审查编制范围，即审查是否与主管部门批准的建设项目范围及具体工程内容一致；审查分期、分段建设项目的范围及具体工程内容有无重复交叉，是否重复计算或漏算；审查其他费用应列的项目是否符合规定等
4	建设规模、标准	审查投资规模、设计标准等是否符合原批准立项批文的标准，如果概算总投资超过原批准投资估算 10% 以上，应进一步审查超估算的原因
5	设备规格、数量和配置	对于附属配套设备投资较大的项目，应审查所选用的设备规格、台数是否与服务功能配套一致，材质、自动化程度有无随意提高标准，引进设备是否配套、合理，备用设备台数是否适当，专用设备如消防、环保等设备是否已计算，设备价格是否合理、是否符合有关规定等

续表 6.1.3

序号	审计事项	自查方法
6	工程量	应根据初步设计图纸、概算定额及工程量计量规则等逐一进行审查，有无多算、少算、重算、漏算。审查工程量时必须注意计算工程量所采用的各个工程及其组成部分的数据，是否与设计图纸上标注的数据及说明相符；工程量计量方法是否符合工程量计量规则；有无漏算、重算和错算
7	计价指标	审查费用定额、价格指数和有关人工、材料、机械台班单价是否符合现行规定和工程所在地实际。审查设备、材料的规格及用量数据是否符合设计文件要求；设备、材料的原价是否与价格清单相一致；采购、运输、保险费用的费率和计算是否正确；引进设备、材料的各项费用的组成及其计算方法是否符合有关规定
8	定额套用	审查概算定额的套用是否正确，包括分项工程的名称、规格、计量单位与定额所列的内容是否一致；审查定额对项目可否换算，换算是否正确，临时补充定额是否正确、合理，是否符合现行定额的编制依据和原则
9	其他费用	审查是否按国家有关规定计列，具体费率或计取标准是否按国家、行业或部门规定计算，有无随意增项、多列、交叉计列和漏项等
10	总费用	审查项目总费用的组成是否完整，是否包括了全部设计内容；投资总额是否包括了项目从筹建至竣工投产所需的全部费用；是否有概算超出投资估算的情况；工程项目的单位造价与类似工程的造价是否相符与接近，如不符且差异过大时应分析原因，查找问题所在
11	投资经济效果	要按照生产规模、工艺流程、产品品种和质量，从投资效益和投产后的运营效益全面分析，是否达到了先进可靠、经济合理的要求

（2）概算执行情况审计事项及自查方法见表 6.1.4。

表 6.1.4　概算执行情况审计事项及自查方法

序号	审计事项	自查方法
1	初步分析	根据概算外增加项目的相关批文；核实概算调整的真实性和合法性，包括概算调整的原因、各项调整系数、设计变更和估算增加费用等
2	将建设规模、标准等与设计内容进行对比	将项目建设规模、建设标准与项目立项批文及初步设计进行对比；将工程数量与设计图纸对比；将施工前后图纸变化情况进行对比；将各项取费与规定标准对比；材料、人工单价与价格信息和规定对比；将技术经济指标与同类工程对比等。变更事项与批准初步设计概算对比，找出已调整或存在差异的子项，分析其调整或差异的合理性
3	将实际投资与概算同口径对比	将实际投资完成情况表和批复概算表进行比对，注意将实际投资项目进行甄别归并，与批复概算表口径一致，通过比对，筛选出投资超概算批复或概算投资结余较大子目

续表 6.1.4

序号	审计事项	自查方法
4	分析确定疑点分项工程	根据上述对比差异金额，按照金额大小及项目重要性排序，结合审计工作量（人力、物力、时间）因素，选择重大差异事项进行延伸调查。具体审计中，审计人员应当以绝对金额和相对金额两个方面确定重点对象，即超概算金额大或超概算比例大的项目
5	疑点分项工程项目	重点审查的内容主要包括换算定额单价和补充定额单价，工程量计量规则，各项费用的计费基础及其费率标准，市场采购材料的差价。将工程量以及工程造价的审计相结合，对照初步设计工程建设内容，通过现场勘查等方式，审核材料的规格和数量，调查单价偏高的材料采购数量与价格，揭示高估冒算，增加建设成本问题，同时注意发现经济案件线索
6	其他投资支出的合理性	审查建设单位竣工决算报表以及财务账簿、凭证，掌握项目概算执行总体情况，在此基础上，对项目建设单位管理费、待摊投资、其他投资、内部往来等重点科目进行检查，了解项目待摊投资、其他投资等科目的核算情况
7	高风险点投资支出	工程审计人员与财务审计人员联合，关注建设单位管理费主要支出去向，对大额支出发票进行延伸调查，确认其真实性。关注通过咨询服务等为由暗箱操作利益输送的问题，必要时延伸调查相关单位的资金流向。关注重复勘察设计，增加费用开支的问题。具体审计中，可将待摊投资、内部往来等科目按照支出明细、类别进行分类汇总，根据项目投资额大小，以一定金额为重要性水平，对重要性水平之上的支出进行延伸调查，同时，还应关注金额虽然不高，但支出较为可疑（如对方单位为关联企业、支出理由较为牵强等）的事项。在确定延伸对象后，以资金流向为主线，核实项目支出的真实性
8	综合运用多种方法分析超概算的真实原因	对于价格信息中缺项的单价和主要材料的价格，应通过实地调查或查询予以补充和核实。关注项目中列入其他支出的决策依据、决策程序，审计人员应注重外围延伸审计调查，通过发改、财政、自然资源、规划、住建、水利等公共工程建设项目的管理部门，了解项目建设是否符合总体规划，征地拆迁是否超概算、是否在红线范围内、超概算子项目是否重复列支在其他项目规划中，项目建设资金是否重复安排等问题，分析投资超概算真实原因

（3）工程价款结算审计事项及自查方法。工程价款结算审计是通过审核、比对、查证，发现送审工程结算不符合施工合同，或违反相关政策文件、现行计价取费标准及工程量计量规则的差错，以及其他人为提高造价的问题，从而有效地控制工程造价、规范工程造价管理。工程价款结算审计事项及自查方法见表 6.1.5。

表 6.1.5　工程价款结算审计事项及自查方法

序号	审计事项	自查方法
1	结算方式和时间	审查结算方式是否符合合同约定，有无不严格履行合同专用条款，按通用条款进行结算增加工程造价；有无违反合同约定提前、推后、改变方式等进行结算
2	签证单	审查签证内容的真实性，有无甲乙双方的签字与意见，而且要审查签字、意见的真实性；把签证事项放入整个工程的大环境中加以考虑。避免工程量的重复计算。审查签证事项发生的真实性，要关注签证事项发生数量的真实性，加强对工程量只增不减签证单的审查
3	工程量	抽查工程量是否依据竣工图纸、设计变更联系单和国家统一规定的计算规则来编制。采取依据施工图纸计算与实地测量相结合的方法，审查其数据来源与施工图纸上的尺寸数据或定额及施工设计规定的相关数据是否相符，审核其算法是否符合定额和相关文件规定；尾工工程是否属实，工程量计量是否准确
4	定额套用	审查是否存在对定额中的缺项套用子目或换算的理解有出入、忽略定额综合解释，不换算系数、高套定额等问题；是否存在巧立名目，高套定额；重点审查价高、工程量较大或定额子目容易混淆的项目，审核结算中所列工程项目与所套定额的项目名称、规格、工作内容和计量单位是否一致，有无错套现象，是否采取既套综合项又套单项或采取低套高、少套多等手法虚增工程造价，是否在决算中套用尚未执行的新定额等
5	材料价格	审查材料的品种、规格、产地、质量是否符合设计标准和国家规范，材料价差是否按照合同约定来调整，是否依照定额用量、实际消耗量和预算定额单价、实际单价分析计算，计算公式、权重的选用是否正确，有无遗漏或重复；审查购买材料的日期是否与工程进度相符，有无跨期高套材料价格；审查有无中标单位采取偷工减料、以次充好等弄虚作假行为
6	费用计算	审查有无低等级工程类别高套取费标准，有无施工企业已被吊销资质仍按原资质进行取费，有无资质低的企业挂靠资质高的企业高套费率等；审查不按合同要求套用费用定额问题；审查是否存在虚设费用问题
7	费用扣回	审查是否按时足额扣回了预付备料款，是否扣回甲供材料款、水电费、代扣税金、违约金和预留质量保证金等

（4）设计变更和签证情况审计事项及自查方法见表 6.1.6。

表 6.1.6　设计变更和签证情况审计事项及自查方法

序号	审计事项	自查方法
1	设计变更和签证的期限	应当对每项设计变更和签证的提出、批准时间进行核实、核查，审查是否存在超越时限的情况，是否存在未及时做材料调差、未及时对工程签证内容计量或计价等，间接造成施工单位垫资施工的情况
2	设计变更和签证的审批程序	审查是否违反规定实施变更和签证审批，是否存在越权审批，是否存在将重大变更和较大变更化整为零的现象；设计变更和签证是否经有关设计、监理、业主单位签字审批，是否存在先实施后审批情况；业主、设计方、承包商提出的变更是否符合最小的变更条件
3	变更和签证原因	对变更和签证进行审计时，在对各部门的审批资料、相关会议纪要、往来文件详细审查的基础上，还要进行事实分析，详细了解现场情况，仔细分析工程变更和签证的真正原因、施工工艺流程、使用的材料及变更后所要达到的目的，调查分析是否存在损失浪费等现象
4	设计变更和签证内容	重点审查工程量是否计算准确，是否存在重复或多计工程量，关注隐蔽工程数量计算的准确性；增加工程量的单价是否按照合同约定的原则来确定，是否存在混用、高套、错套定额或清单子目的现象，材料代换或设计变更是否相应调整造价，是否按规定标准取费，技术措施费用是否合理，甲、乙双方商议的价格是否公平、合理

（5）工程索赔情况审计事项及自查方法见表 6.1.7。

表 6.1.7　工程索赔情况审计事项及自查方法

序号	审计事项	自查方法
1	索赔时限	对每项索赔提出、批准的时间进行核实、核查，审查是否存在超越时限的情况
2	索赔条件	审查索赔是否由当事人违约造成的。当事人违约通常表现为没有按照合同约定履行自己的义务。发包方违约常常表现在没有为承包方提供合同约定的施工条件、未按照合同的约定期限和数额付款等；监理方未能按照合同约定完成工作；承包方违约的情况主要是没按合同约定的质量、期限完成施工，或者由于不当行为给发包方造成其他损害
		审查索赔是否由于不可抗力因素或不利的物质条件形成的。不可抗力因素可以分自然事件和社会事件。自然事件主要是施工过程中不可避免发生并不能克服的自然事件，包括地震、海啸、瘟疫、水灾等；社会事件则包括国家政策、法律、法令的变更，以及战争、罢工等。不利的物质条件是指承包方在施工现场遇到的不可预见的自然物质条件、非自然的物质障碍和污染物，包括地下和水文条件

续表 6.1.7

序号	审计事项	自查方法
2	索赔条件	审查索赔是否由原合同缺陷形成的。合同缺陷表现为合同文件规定不严谨甚至矛盾、合同条款遗漏或错误等
		审查索赔是否因合同变更引起的。合同变更主要表现为设计变更、施工方法变更、追加或者取消某些工作、合同约定的其他变更等
		审查索赔是否由监理指令形成的。监理指令不当有时也会产生索赔，如指令承包方加速施工、进行某项工作、更换某些材料、采取某些措施等。这些指令的存在可以确立索赔的成立，否则，不予确认
3	索赔证据	审查索赔证据的真实性。索赔证据必须是在实施合同过程中确定存在和发生的，审查是否完全反映实际情况
		审查索赔证据的全面性。审查索赔证据能否全面说明事件的全过程，能否相互说明、相互印证，索赔报告中涉及的索赔理由、事件过程、影响、索赔数据是否齐全
		审查索赔证据的及时性。索赔证据的取得是否及时，是否符合合同有关约定，特别是取得时间是否与索赔事件相符，相关责任人签字时间是否合理，是否存在索赔证据事后补签、乱签字现象
		审查索赔是否具有法律效力。索赔证据必须是书面文件，有关记录、协议、纪要必须是双方签字；工程中重大事件、特殊情况的记录、统计必须有相关责任人签字认可
4	索赔内容	审查索赔费用内容和项目是否合理。可以索赔费用内容一般包括人工费、材料费、设备费、保函手续费、贷款利息、保险费，利润、管理费。只计索赔事件相关的项目，对不相关的项目不予认可
		审查索赔取费的合理性。有的索赔事件可以补偿工期、费用、利润，如延误发放图纸、延误移交施工现场等；有的索赔事件可补偿工期和费用，如后续法规的调整等；有的索赔事件只可补偿工期，如异常不利的天气、公共当局引起的延误等
		审查费用计算是否正确。主要审查所采用的费率是否合理、适度，审查索赔费用是否重复
5	反索赔办理	审查是否及时、全面办理反索赔。针对对方提出的索赔要求或索赔报告，审查是否采取相应措施反驳

（三）配合项目招标投标情况审计

1. 准备相关资料

（1）招标前期准备资料：招标批复文件、招标公告、勘察设计报告、可行性研究报告、初步设计文件、合同台账等资料。

（2）招标、投标资料：项目报建文件、建设单位资质审查和招标申请、招标公告、招标文件、相关会议记录、投标补充招标文件（答疑纪要）、投标文件、招标投标情况书面报告等文件资料。

（3）开标、评标、定标情况资料：

1）招标文件和补充招标文件（答疑纪要）；

2）投标文件；

3）投标保函；

4）开标记录；

5）开标鉴证文件；

6）评标记录；

7）评标委员会书面报告、定标记录；

8）招标工作书面报告；

9）中标通知书；

10）其他文件。

（4）合同审计资料：

1）中标通知书；

2）合同协议；

3）补充合同协议；

4）招标文件和补充招标文件（答疑纪要）、中标人的投标文件；

5）合同管理制度等其他文件。

2. 在发承包阶段自查招投标相关审计事项，防止相关问题

（1）招标前期准备自查方法。

1）检查招标项目的招标范围、招标方式、招标组织形式是否报项目审批、核准部门审批、核准；

2）检查是否按照单项工程或单体工程进行划分，各标段能否独立组织施工；是否存在化整为零规避公开招标投标等问题；

3）检查招标文件中有无以不合理条件限制、排斥潜在投标人或者投标人。采用邀请招标时，招标内容是否符合法律法规约定的可以采取邀请招标范围；可以不进行招标的原因以及是否得到有关主管部门的批准。

（2）招标、投标审计事项及自查方法见表 6. 1. 8。

（3）开标环节自查方法。审计主要检查开标的过程是否符合相关法律法规的规定，招标组织工作是否得力，有关方面代表是否齐全；委托的招标机构是否合法有效，投标企业是否具备合法的资质，各种证件是否真实。

表 6.1.8 招标、投标审计事项及自查方法

序号	审计事项	自查方法
1	招标条件	审阅相关审批或核准的记录文件资料，检查公共工程项目建设工程是否报建，审查建设单位是否具备相关资质，检查招标申请及其批准情况
2	招标程序的合规性	审阅相关招标文件及其记录，检查招标人是否对投标人进行了资格审查并及时公告审查结果或者向资格预审申请人发出资格预审结果通知书，是否根据规定发布招标公告，是否及时发售工程招标文件，是否违规组织单个或者部分潜在投标人进行现场踏勘
		审阅相关招标文件及其记录，审查招标人是否在投标人提交投标文件 15 日前对已发出的招标文件进行了澄清或者修改，审查澄清或者修改是否对投标人编制投标文件构成影响，构成影响且不足 15 日的是否顺延投标文件截止时间
		审阅相关招标文件及其记录。根据批准的初步设计概算，结合市场供求状况，综合考虑投资、工期和质量等方面的因素对招标控制价进行复核性测算；分析控制价编制内容是否符合标段招标文件的施工范围、工程量、施工条件等；审核控制价编制人、审批人以及投标人之间的关系，是否做到保密和回避的要求
3	投标人和投标文件的合规性	审阅相关投标文件和记录，审查投标人是否达到招标文件所要求的资质等级，查看招标工程的建设规模和内容是否属于其相应资质允许的承接范围，是否具有良好的信誉，是否拥有必要的技术力量和机械设备，是否具备优良的施工和安全生产记录等，是否按要求交纳投标保证金或银行保函
		综合分析相关投标文件，审查投标人是否根据招标文件的规定要求编制投标文件，是否对招标文件提出的实质性要求做出明确响应，其内容是否齐全、规范，投标报价和施工组织设计是否合理，是否存在对招标人不利、不合理条款等
4	投标人和投标文件的真实性	结合招标文件，通过审核不同投标人的投标文件和投标保证金（或银行保函）缴纳情况，或利用文本搜索、文本查重等软件审核不同投标人的投标文件电子档案，查看是否存在不同投标人的投标文件由同一单位或者个人编制、不同投标人委托同一单位或者个人办理投标事宜、不同投标人的投标文件载明的项目管理成员为同一人、不同投标人的投标文件异常一致或者投标报价呈规律性差异、不同投标人的投标文件相互混装以及不同投标人的投标保证金从同一单位或者个人的账户转出等问题
		审查所有投标人尤其是中标人的投标文件，是否存在使用伪造或变造的许可证件、虚假的财务状况或者业绩、提供虚假的项目负责人或者主要技术人员简历或劳动关系证明、虚假的信用状况等行为

（4）评标环节审计事项及自查方法。审计主要检查评标的过程是否符合相关法律法规的规定，招标组织工作是否得力。评标环节审计主要检查评标委员会的组成情况、评标专家的评标过程记录以及出具的评标委员会报告。评标环节审计事项及自查方法见表 6.1.9。

表 6.1.9　评标环节审计事项及自查方法

序号	审计事项	自查方法
1	组建评标委员会工作的合规性	审查评标是否由招标人或代理机构依法组建的评标委员会负责；评标委员会名单在中标结果确定前是否保密
		评标委员会是否由招标人的代表和有关技术、经济等方面的专家组成，成员是否为 5 人以上单数，其中技术、经济方面的专家成员总数是否在三分之二以上；评标委员会成员是否从专家库中随机抽取；与投标人有利害关系的专家是否进入评标委员会
2	评标过程的合法、合规性	查阅评标记录，审查评标委员会是否按照招标文件确定的评标标准和方法，对投标文件进行评审和比较；设有标底的，是否参考了标底
		审查评标委员会对投标文件初审后，符合废标条件的，是否按废标处理；评标委员会是否以书面方式要求投标人对投标文件中含义不明确、对同类问题表述不一致或者有明显文字和计算错误的内容做必要的澄清、证明或补正；评标委员会是否向投标人提出带有暗示性或诱导性的问题，或者向其明确投标文件中的遗漏和错误
3	评标报告的完整性	审查评标委员会完成评标后，是否向招标人提出书面评标报告，并推荐 1~3 名中标候选人，标明排列顺序；评标报告是否由评标委员会全体成员签字

（5）定标环节审计事项及自查方法见表 6.1.10。

表 6.1.10　定标环节审计事项及自查方法

序号	审计事项	自查方法
1	中标人的确定	检查招标人是否接受评标委员会推荐的中标候选人，是否在评标委员会推荐的中标候选人之外确定中标人
		国有资金占控股或者主导地位的依法必须进行招标的项目，招标人是否确定排名第一的中标候选人为中标人
		审查中标人确定后，招标人是否向中标人发出中标通知书，并同时将中标结果通知所有未中标的投标人
		审查在确定中标人前，招标人是否存在与投标人就投标价格、投标方案等实质性内容进行谈判的情况

续表 6.1.10

序号	审计事项	自查方法
2	中标人的符合性	查阅中标人的投标文件，审查中标人的投标是否符合能够最大限度地满足招标文件中规定的各项综合评价标准，或能够满足招标文件的实质性要求
		审查当评标委员会否决依法必须进行招标项目的所有投标的情况下，招标人是否依法重新进行招标
3	中标人发生变化的处置	审查在排名第一的中标候选人放弃中标、因不可抗力不能履行合同、不按照招标文件要求提交履约保证金，或者被查实存在影响中标结果的违法行为等情形下。招标人按照评标委员会提出的中标候选人名单排序依次确定其他中标候选人为中标人情况，或重新招标情况
		中标候选人的经营、财务状况发生较大变化或者存在违法行为，招标人认为可能影响其履约能力的，是否在发出中标通知书前由原评标委员会根据招标文件规定的标准和方法进行重新审查确认

（6）合同审计事项及自查方法见表 6.1.11。

表 6.1.11　合同审计事项及自查方法

序号	审计事项	自查方法
1	合同主体资格符合规定情况	审查中标人的投标文件以及让中标人提供相应资质证明材料，审查施工资质情况、施工组织能力、社会信誉度、财务状况等；审查是否存在借用资质或非法转包情况，所承包的专业工程是否超越其资质能力等
2	合同的主要条款与招标文件中的合同主要条款一致性情况	查阅招标文件、中标人投标文件和合同，审查招标人和中标人是否按照招标文件和中标人的投标文件订立书面合同，是否存在订立背离合同实质性内容的其他协议
		查阅招标文件、中标人投标文件和合同，审查中标人是否向他人转让中标项目，是否将中标项目肢解后分别向他人转让。接受分包的人应当具备相应的资格条件，并不得再次分包。审查分包人的资格条件；审查中标人对分包项目的工程建设管理记录；查阅工程中标人的施工记录、劳务分包及物资材料供应等对外签订的合同及财务付款记录，审核是否存在转包和违法分包的情况
		查阅中标合同、招标文件和投标文件，审查是否对实施工程的风险进行明确约定，是否存在招标人承担不应有的风险，或者向中标人过度转嫁风险
3	合同造价条款清晰、有效、合法、合规情况	逐一审查中标合同相应条款，审查合同语言表达是否清晰和严谨
		审查合同计价方式是否符合工程特点，对预付款、进度款支付的约定是否清晰、合理，是否与国家、地方的有关规定相违背

续表 6.1.11

序号	审计事项	自查方法
3	合同造价条款清晰、有效、合法、合规情况	审查合同是否与招标文件相一致，注意在招标投标过程中形成的书面答疑、澄清文件和承诺书等是否作为合同文件的组成部分
		合同价款是否与投标文件相一致，是否另行订立了与合同实质内容不一致的其他协议
		审查违约责任条款是否明确、具体、有效，违约金、赔偿金的数额和计算方法是否合理、合法，具有操作性
4	政府与社会资本合作模式（PPP）项目合同的合法合规、真实有效性情况	审查项目合同中政府和社会资本方在项目生命周期内关于融资、建设、运营、移交等方面约定是否与国家、地方的有关规定相违背；双方的权利、义务是否明确，是否存在政府和社会资本任何一方违背“契约精神”随意变更合同内容等情况；是否存在政府直接负担项目建设费用、承诺收益等违规行为；是否存在合作各方以投资项目做抵押、担保等方式筹集资金，国有资本是否存在风险；合同中相关约定是否真实反映双方意愿，是否有利于发挥双方各自优势，双方权利、义务是否对等，防止任何一方过分受损或超额获益

第二节　协助编制竣工决算和配合竣工决算审计

一、协助编制竣工决算

竣工决算编制是在竣工结算已完成的前提下进行的。通常需要造价人员配合建设单位的会计人员完成竣工决算编制。

1. 在决算编制时，配合提供编制依据的资料

全过程投资咨询单位配合竣工决算，作为全过程咨询单位，在咨询过程中应收集、整理相关资料，在配合决算编制时提供编制依据资料，主要包括：

（1）影响合同价款的法律、法规和规范性文件；

（2）项目计划任务书及立项批复文件；

（3）项目总概算书和单项工程概算书文件；

（4）经批准的设计文件及设计交底、图纸会审资料；

（5）招标文件和招标控制价（最高投标限价）；

（6）工程合同文件；

（7）项目竣工结算文件；

（8）工程签证、工程索赔等合同价款调整文件；

（9）设备、材料调价文件记录；

（10）会计核算及财务文件；

（11）其他有关项目管理的文件。

2. 配合提供相关内容的编制资料

竣工决算报告的说明部分包括以下方面：

（1）基本建设项目概况；

（2）会计财务的处理、财产物资清理及债权债务的清偿情况；

（3）基建结余资金等分配情况；

（4）基本建设项目管理及决算中存在的问题和建议；

（5）决算与概算的差异和原因分析，主要技术经济指标的分析；

（6）需说明的其他事项。

全过程投资咨询单位根据委托，可以协助第（1）、（4）、（5）、（6）项等内容的编制。

二、配合竣工财务决算审计

在项目进行竣工财务决算审计阶段，作为项目的全过程咨询单位，应在配合审计方面做好以下工作：

（1）了解竣工财务决算审计的目标。竣工财务决算审计的目标是保障建设资金合理、合法使用，客观评价投资效益，促进总价建设经验，提高建设项目管理水平。

（2）了解决算审计的主要审计事项，在全过程咨询各阶段注意避免相关问题详见表6.2.1。

表6.2.1 决算审计的主要审计事项及自查方法

序号	审计事项	自查方法
1	编制依据合规性	审查编制依据是否符合国家有关规定，资料是否齐全，手续是否完备，对遗留问题处理是否合规
2	竣工决算报表真实性、完整性、合规性	根据各类批文、合同、财务资料、设计资料，逐项核对“竣工工程概况表”“竣工财务决算表”“交付使用资产总表”“交付使用资产明细表”中填列的内容和数据，审查其真实和合法情况；审查竣工决算说明书，参照编制依据，审查其内容和引用数据的真实与准确情况；审查债权债务关系是否及时清理，对数额较大和与项目无关联的往来账款，采用函证与实地调查的方法进行核实
3	建设资金投入情况	核实各种资金渠道投入的实际金额，查明资金不到位的数额，分析其原因及影响
4	概算执行及调整情况	审查概算调整原则、各种调整系数、设计变更和估算增加的费用，核定概算总投资；审查项目建设是否按批准的初步设计进行，各单位工程建设是否严格按批准的概算内容执行，有无概算外项目和提高建设标准、扩大建设规模等问题，有无重大质量事故和经济损失；审查建筑安装投资、设备投资的列支内容是否真实、合法，分项目核算是否分别与竣工工程决算相对应，有无弄虚作假虚列工程支出，有无将建设成本挤列生产经营成本等问题

续表 6.2.1

序号	审计事项	自查方法
5	待摊投资归集和分配	审查待摊投资的列支内容和分摊情况；审查各项费用支出是否合法，有无超标准开支管理费、混淆事业成本和建设成本的情况
6	其他投资真实性	审查房屋购置和基本禽畜、林木等购置、饲养、培育支出以及取得各种无形资产和递延资产发生的支出是否合理、合规，是否是概算范围和建设规模的内容，入账凭证是否真实、合法
7	固定资产成本核算及交付使用	审查交付使用财产是否真实、完整，是否符合交付条件，移交手续是否齐全、合规；成本核算是否正确，有无挤占成本，提高造价，转移投资的问题。审查项目增值税发票开具情况及企业投资项目抵扣情况，是否存在增值税发票应开未开、应抵未抵，造成投资增加及税收损失。对房屋、建筑物、不需要安装的设备按单位工程和台（件）逐项核实；需要安装设备抽查台（件）不少于50%，其他固定资产可视项目具体情况自定比例进行抽查
8	工器具等移交资产情况	审查工器具、备品件、办公及生活家具的移交手续是否合规。对移交手续不合规的要根据具体情况进行抽查，重点审查有无虚假移交或账外资产等问题
9	尾工工程	根据总概算和工程形象进度，核实尾工工程的未完工程量和完成尾工工程所需要的投资，审查是否留足投资和有无新增工程内容等问题
10	基建收入情况	查清基建收入来源，核实基建收入数额；审查基建收入分配依据，核实基建收入分配数额；审查上缴和留成使用情况
11	投资包干结余情况	根据项目总承包合同，核实包干指标完成情况，审查有无将未完工程投资作为包干结余参与分配，包干结余分配是否合规

3. 配合竣工财务决算审计需准备的制度文件

（1）《基本建设财务规则》（财政部令第 81 号）；

（2）《基本建设项目竣工财务决算管理暂行办法》（财建〔2016〕503 号）；

（3）《基本建设项目建设成本管理规定》（财建〔2016〕504 号）；

（4）《建设项目工程竣工决算编制规程》CECA/GC 9—2013；

（5）建设单位的管理制度等。

4. 配合财务竣工决算审计准备全过程咨询鉴证文件

（1）配合建设单位编制好项目的内部竣工财务决算报告，复核编制内容是否符合国家相关规定，资料是否齐全，手续是否完备，对项目遗留问题的处理是否合规；

（2）项目立项文件、批复文件、概算批复文件等，以便审计人员核查项目的概算执行情况；

（3）招标文件、招标程序、招标方式、各项合同，以便审计人员核查项目的管理程序是否合法合规；

（4）建设过程中历次检查和审计所提的重大问题整改落实情况文件；

（5）配合建设单位核查交付使用资产和在建工程造价的真实性，关注交付使用财产是否真实、完善，移交手续是否齐全、合规；

（6）准备好图纸、合同、设计变更、现场签证、材料价差、现场收方单等工程结算资料，以便审计人员核查竣工结算文件的合理性；

（7）配合审计人员核查相关资料、勘验现场，以便审计人员核查项目的实际执行情况；

（8）配合建设单位落实审计人员提出的审计问题。

第三节　配合项目后评价

项目后评价是运用规范、科学、系统的评价方法与指标，将项目建成后所达到的实际效果与项目的可行性研究报告、初步设计（含概算）文件及其审批文件的主要内容进行对比分析，找出差距及原因，总结经验教训、提出相应对策建议，并反馈到项目参与各方，形成良性项目决策机制。

配合项目后评价主要文件清单有以下几项：

（1）各级发改部门下达的项目投资计划、各级财政部门下达的资金计划及拨款文件、项目建设单位财务明细账及会计凭证、建设单位借款合同、地方政府出具的配套资金承诺函等。

（2）工程结算审核报告，建设项目概算执行情况说明，所有与建设项目相关的合同及合同台账，核算建设项目的总账、明细账及会计凭证等资料；工程款及其他合同款支付情况表。

（3）经批准的可行性研究报告及其投资估算书，经批准的初步设计或扩大初步设计及其概算书，经批准的施工图设计及其施工图预算书等。

（4）施工承发包合同、专业分包合同及补充合同，有关材料、设备采购合同。

（5）招标投标文件，包括招标答疑文件、投标承诺、中标报价书及其组成内容。

（6）经批准的项目开工、竣工报告或停、复工报告等。

（7）单位工程竣工验收单，隐蔽工程验收资料，竣工图及各种竣工验收资料；工程量测量和确认资料，工程索赔资料等。

（8）财务决算及批复文件。

（9）项目投入使用后的历年财务报表资料。

在项目进行后评价阶段，全过程咨询单位的工作基本已经完成，项目进入正常的经营阶段。后评价工作由第三方完成，后评价资料主要由建设单位提供。作为项目的全过程咨询单位，应在全过程咨询过程中，了解后评价事项，准备相关资料，按照后评价的相关方法自查项目全过程管理事项及投资效益是否符合要求。项目后评价事项及评价方法见表6.3.1。

表 6.3.1　项目后评价事项及评价方法

序号	后评价事项	评价方法
1	重大政策执行情况	审查投资项目在建设过程及建成后是否严格执行了稳增长、调结构、防风险等重大政策；是否实现国家和地方促进有效投资，改善和保障民生，促进生态环境改善等政策目标
2	决策及管理机制的合法性、合规性	审查权力运行是否公开透明，重大事项决策管理是否科学化、民主化及规范化，有无必要的监督及制约机制；审查在投资决策形成的各个环节上是否建立完善的决策责任制；审查行使项目最终决策权的有关部门、人员是否履行和尊重可行性研究和项目评估的科学结论
3	决策程序的合法性、合规性及公开性	审查投资项目有无列入政府国民经济和社会发展规划和计划、政府投资中长期规划和年度计划，重大投资项目有无经过各级人民代表大会审议通过，或者经过人民代表大会、人大常委会的授权。特别重大的项目审查有无实行专家评议制度，对经济、社会和环境影响重大的，社会公众普遍关注的公益性建设项目，是否采取听证会、征询会等方式广泛征求社会各界和公众的意见
4	决策科学性、经济性及合理性	审查项目投资是否与本地经济发展的需要相适应；关注投资规模是否与地方财力相适应，有无搞不切实际的面子工程、形象工程、政绩工程等
5	项目质量、进度、安全等目标控制	审查各参建单位是否建立和履行质量管理职责，有无因质量问题对项目发挥预期作用造成重大影响。审查工程进度，根据实际工期与合同工期的差异，分析原因，审查建设单位有否采取相应的应对措施。审查项目是否因重大安全事故对项目进度、投资、效益等产生重大负面影响
6	投资控制管理及目标	审查是否建立了变更审批、工程款支付、合同管理等内部控制制度，工程变更是否进行了投资预测，有否因盲目变更造成投资失控现象。审查项目投资控制是否实现预期目标，是否存在资金损失和浪费，是否实现投资效益目标
7	资金筹集和融资方式	审查资金筹集成本及效益。审查项目决策是否选择了合适的筹资渠道，筹资成本是否最少，资金成本率、债务资金成本计算是否准确，是否明显高于社会平均筹资成本，审查项目决策是否制订了经济的筹资方案，债务资金的到位时间是否以满足工程需要为首要目标，减少融资成本；审查筹资方案是否考虑了资金供应风险、利率风险、汇率风险并做出相应的规避措施
8	资金使用管理	审查项目是否严格控制建设成本、是否存在资金损失和浪费、是否实现投资效益目标

续表 6.3.1

序号	后评价事项	评价方法
9	经济效益	审查项目实际运行的各项与经济效益有关的指标与可行性研究报告之间是否存在差距。审查投资规模是否适当，审查项目功能作用是否偏离了实际需求，造成无效投资或功能闲置。审查工程质量是否与竣工验收情况不一致，直接影响项目效果发挥。审查建设工期是否与预期目标相一致，通过对建设工期与达到设计能力年限的对比分析，评价建设速度的快慢和建设工期对投资效益的影响。审查各项配套设施是否未同步实施，有无因配套设施导致项目无法正常运行问题。审查项目是否存在运行成本是否过高，给财政增加负担。审查资产移交是否及时、有无因后续管理维护没有跟上造成损失浪费的问题。审查 PPP 项目是否存在无实质性运行内容、运营效益达不到前期设计等问题。后评估指标要结合可行性研究、同行业指标、实际运行盈亏情况来选取
10	社会效益	审查项目建成后对当地或一定区域的除直接经济效益外的其他产业影响情况，评价项目建成后对实现国家和地方社会发展目标所做贡献和产生的影响。审查项目实施所产生的社会效益（如道路交通环境、市容市貌、居民的生活条件、城市规划和品质等），审查项目实施后在扶贫减灾、劳动就业或协调发展、统筹城乡发展等方面的效益，并与立项计划的社会效益目标相对比，考核其实现程度
11	生态环境效益	审查项目建成后对当地或一定区域生态环境保护的影响，评价其在优化环境、减少污染、保护生物多样性等方面的作用，评价对生产、生活环境的污染或提高环境质量方面所取得的成果

第七章　投资管控全过程咨询总结

一、编制投资管控全过程咨询总结报告

作为全过程咨询单位，在咨询工作履行完成后，应对项目的建设目标和咨询服务目标是否实现、项目全过程管理情况以及全过程咨询情况进行总结，向委托人提交全过程咨询总结报告。总结报告作为咨询成果文件，一方面可以为配合审计做准备，另一方面也有助于总结经验教训，不断提高全过程咨询的水平。

全过程咨询总结报告包括以下内容：

（1）项目概况：

1）项目基本信息：包括项目各单项工程基本情况、标段划分情况、开竣工情况等；

2）参建单位基本信息；

3）项目特点：如项目的专业特点、发承包模式特点以及计价特点等。

（2）咨询服务情况：

1）咨询服务的业务范围；

2）咨询服务的业务内容及时间；

3）咨询服务的组织模式：项目组的组织架构、职责分工、协调管理等。

（3）咨询服务成果：

1）项目的投资、质量、工期等完成情况；

2）咨询服务的完成情况：①决策阶段投资控制完成情况；②设计阶段投资控制完成情况；③发承包阶段投资控制完成情况；④施工阶段投资控制完成情况。

3）咨询服务成果文件：

①咨询成果文件台账；

②主要咨询成果内容；

③咨询服务取得的成效。

（4）经验总结：

1）咨询服务经验总结，主要总结咨询服务中的亮点；

2）咨询服务的不足：总结咨询服务中存在的不足；

3）咨询建议：①对本项目进行合理化建议，建议后期运营中的注意事项；②对以后实施项目的建议。

（5）附件，包括各阶段咨询成果文件。

二、工程技术经济指标分析

工程技术经济指标分析是一项贯穿项目全过程的工作，项目前期以类似项目指标预判

项目的投资、辅助投资决策；项目完成后分析实际经济技术指标，与决策时的估算指标以及设计限额指标进行对比，评价项目控制目标的实现情况；积累本项目的指标数据也能为以后的项目作参考。工程技术经济指标分析也是全过程咨询总结的一部分。

1. 工程技术经济指标的含义及重要性

工程技术经济指标是指以单位工程为对象，按工程建筑面积、体积、长度或自然计量单位反映的人工、消耗量和价格指标。反映生产经营活动的技术水平、管理水平和经济成果。

住房和城乡建设部办公厅发布的《工程造价改革工作方案》（建办标〔2020〕38 号）提出，加快建立国有资金投资的工程造价数据库，按地区、工程类型、建筑结构等分类发布人工、材料、项目等造价指标指数，利用大数据、人工智能等信息化技术为概预算编制提供依据。市场化造价机制的基础条件就是造价指标指数数据库和市场价格信息，在项目前期，综合运用造价指标指数和市场价格信息，控制设计限额、建造标准、合同价格；对于招标项目，根据工程造价数据库、造价指标指数和市场价格信息等编制和确定最高投标限价。

工程技术经济指标对生产经营活动进行计划、组织、管理、指导、控制、监督和检查具有重要的意义：①查明与挖掘生产潜力，增加生产，提高经济效益；②考核生产技术活动的经济效果，以合理利用机械设备、改善产品质量；③评价各种技术方案，为技术经济决策提供依据。

2. 项目的技术经济指标分类

（1）单方造价指标，如房建项目平米造价，道路项目每公里造价；房建主要分项工程（土石方、地基、基础、基坑支护、砌筑、混凝土、钢筋、屋面、防水、保温、门窗、金属结构、木结构、预制构件）的单位造价。

（2）工程造价构成指标，可分为实体项目（以及其中的人工费、材料费、机械费、管理费、利润）、措施项目、规费、税金所占的比例。

（3）主要的实体含量指标，最常见的如房建项目每平方米的砌体、混凝土、钢材含量。

（4）建设工程造价指标按照用途分为：经济指标、主要工程量指标、主要工料价格及消耗量指标。

单位工程造价指标、主要工程量指标示例见表 7.0.1、表 7.0.2。

表 7.0.1 单位工程造价指标（经济指标）示例

<table>
<tr><th>名称</th><th colspan="2">费用名称</th><th>金额
（元）</th><th>单位造价
（元/单位）</th><th>占造价比例</th></tr>
<tr><td rowspan="7">指标</td><td colspan="2">分部分项工程费</td><td>19 118 635.53</td><td>1 020.49</td><td>55.47%</td></tr>
<tr><td rowspan="6">其中</td><td>人工费</td><td>3 886 714.33</td><td>207.46</td><td>11.28%</td></tr>
<tr><td>材料费</td><td>14 316 396.46</td><td>764.16</td><td>41.54%</td></tr>
<tr><td>机械费</td><td>188 574.95</td><td>10.07</td><td>0.55%</td></tr>
<tr><td>管理费</td><td rowspan="2">726 904.72</td><td rowspan="2">38.80</td><td rowspan="2">2.11%</td></tr>
<tr><td>利润</td></tr>
</table>

续表 7.0.1

名称	费用名称		金额（元）	单位造价（元/单位）	占造价比例
指标	措施项目费		8 812 111.14	470.36	25.57%
	其中	安全文明施工费	1 631 057.93	87.06	4.73%
		模板及脚手架工程			
	其他项目费		2 816 376.01	150.33	8.17%
	规费		873 781.04	46.64	2.54%
	税金		2 845 881.33	151.90	8.26%
	合计		34 466 785.05	1 839.73	100.00%

注：单位工程造价指标属于经济指标，同时也反映了单位造价及造价构成。

表 7.0.2　某单位工程（地上 25 层）主要工程量指标示例

工程量名称		单位	单位指标（单位/建筑面积）
砌筑工程	墙体	m^3	0.15
混凝土及钢筋混凝土工程	基础	m^3	0
	柱	m^3	0.061
	墙	m^3	0.075
	独立梁	m^3	0.003
	有梁板	m^3	0.179
	楼梯	m^3	0.023
装配式工程	装配式钢筋混凝土预制梁	m^3	
	装配式钢筋混凝土预制叠合楼板	m^3	
	装配式预制零星构件	m^3	0.027
模板		m^2	3.021
钢筋		t	0.051
防水	屋面防水	m^2	0.122
	楼地面防水	m^2	0.028
	内墙面防水	m^2	0.227
防腐、隔热、保温	墙面隔热、保温	m^2	0.113
金属结构工程		t	
门窗工程	门	m^2	0.092
楼地面工程	块料面层	m^2	0.183
	整体面层	m^2	0.104

续表 7.0.2

工程量名称		单位	单位指标（单位/建筑面积）
天棚装饰	天棚抹灰	m^2	1.919
	天棚吊顶	m^2	0.104
内墙装饰	墙面抹灰（内墙）	m^2	1.825
	柱、梁面抹灰	m^2	0.095
外墙装饰	块料	m^2	0.145

注：指标数据与工程的项目特征直接相关，应结合项目特征分析。如本单位工程是地上建筑，故不含基础；本项目外墙幕墙为单独分包，所以本单位工程的工程量中没有窗的指标等。

3. 工程技术经济指标分析体系建立依据

全过程咨询单位应参照相关标准，制订符合委托人需求、便于操作、实用的指标分析体系。可参照的国家标准和四川省相关标准包括：

（1）《建设工程造价指标指数分类与测算标准》GB/T 51290—2018。

（2）四川省住房和城乡建设厅关于印发《四川省建设工程造价数据积累实施办法》的通知（川建造价发〔2012〕664 号）；

（3）《四川省建设工程造价技术经济指标采集标准》（DBJ 51/T096—2018）；

（4）《四川省工程造价典型案例征选办法》（川建价师协〔2020〕25 号附件）。

4. 工程技术经济指标分析的注意事项

（1）建设工程造价指标应注明项目特征，包含地区、工程类型、造价类型、时间等要素。

（2）在项目全过程各阶段造价文件编制时，应考虑后期指标提取的需要，如建筑物按地下、地上分开计量计价，安装工程按专业系统分开等。

（3）指标验证，对一个项目进行技术指标分析，需要找类似项目进行指标对标验证，找出差异及分析差异原因。

（4）根据需要确定指标的分析深度。工程技术经济指标分析的作用一是提交给委托人的成果文件的一部分，二是咨询单位数据积累。提交给委托人的技术经济指标分析应基于目的导向来确定分析深度，如建设单位项目较少，指标的作用是了解本项目的构成，则指标的层级不用很细；如建设单位有长期的类似项目的对标需求，且建设单位有其内部标准，则按其标准提取指标，建设单位没有标准时，需要咨询单位协助其建立标准。

（5）咨询单位应建立全量全要素的数据库。作为咨询单位，在造价改革的背景下，需要将自身参与的项目数据通过整理、分析，积累，作为后续项目测算、对标、质控对比的参考资料。咨询单位的指标积累，原则应该是全量全要素，即数据要完整、颗粒度要细。因为细粒度的数据能够合并为粗粒度，而粗粒度的数据就难以分解为细粒度，所以颗粒度越细越便于后期数据分析处理。

（6）技术经济指标的表现形式。单个项目的技术经济指标一般采用电子表格的形式；如果有大量的项目指标，则需要专业的数据库软件系统，对指标数据进行存储、智能化分析，便于查询和运用；如果是用于向委托人汇报，则可采用图表方式更直观地表达，如表 7.0.1 中的造价构成指标可采用如图 7.0.1 所示的饼状图，表 7.0.1 中的单位造价数据横向对比可采用如图 7.0.2 所示的柱状图。

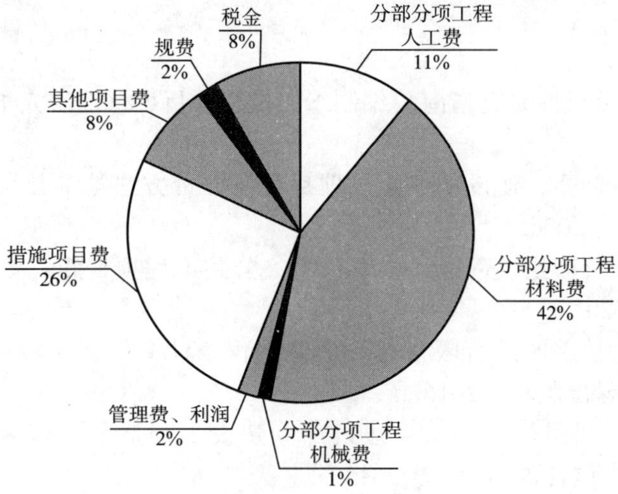

图 7.0.1　某项目造价构成饼状图示例

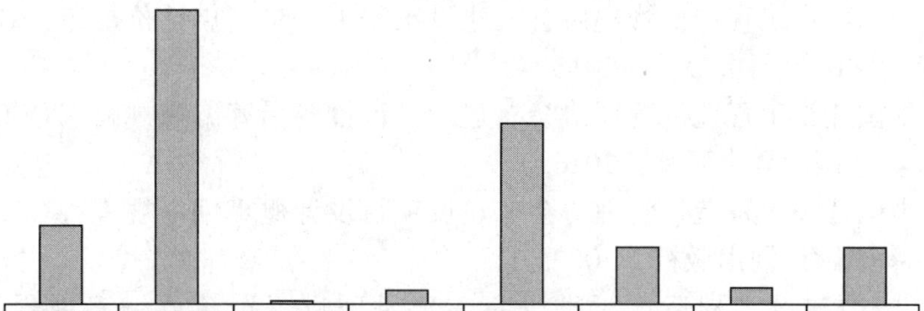

	分部分项工程人工费	分部分项工程材料费	分部分项工程机械费	管理费、利润	措施项目费	其他项目费	规费	税金
■系列1	207.46	764.16	10.07	38.80	470.36	150.33	46.64	151.90

图 7.0.2　某项目各项费用单方造价对比柱状图示例

附录 参考文献

［1］《投资项目可行性研究指南》编制组．投资项目可行性研究指南［M］．北京：中国电力出版社，2002.

［2］国家发展改革委，建设部．建设项目经济评价方法与参数（第三版）［M］．北京：中国计划出版社，2006.

［3］审计署固定资产投投资审计司编写组．公共工程项目跟踪审计指南［M］．中国时代经济出版社，2020.

［4］中南建筑设计院股份有限公司．建筑工程设计文件编制深度规定（2016 年版）［M］．北京：中国建材出版社，2016.

［5］中华人民共和国住房和城乡建设部．建设工程造价咨询规范（GB/T 51095—2015）［S］．北京：中国计划出版社，2015.

［6］四川省建设工程造价管理总站，四川省造价工程师协会．四川省建设工程造价咨询标准（DBJ51/T 090—2018）［S］．成都：西南交通大学出版社，2018.

［7］中国建设工程造价管理协会．建设工程工程量清单计价规范（GB 50500—2013）［S］．北京：中国计划出版社，2013.

［8］中国建设工程造价管理协会．建设项目投资估算编审规程（CECA/GC 1—2015）［S］．北京：中国计划出版社，2016.

［9］中国建设工程造价管理协会．建设项目设计概算编审规程（CECA/GC 2—2007）［S］．北京：中国计划出版社，2007.

［10］中国建设工程造价管理协会．建设项目工程结算编审规程（CECA/GC 3—2010）［S］．北京：中国计划出版社，2010.

［11］中国建设工程造价管理协会．建设项目全过程造价咨询规程（CECA/GC 4—2017）［S］．北京：中国计划出版社，2017.

［12］中国建设工程造价管理协会．建设项目施工图预算编审规程（CECA/GC 5—2010）［S］．北京：中国计划出版社，2010.

［13］中国建设工程造价管理协会．建设工程招标控制价编审规程（CECA/GC 6—2011）［S］．北京：中国计划出版社，2011.

［14］中国建设工程造价管理协会．建设工程造价咨询成果文件质量标准（CECA/GC 7—2012）［S］．北京：中国计划出版社，2012.

［15］中国建设工程造价管理协会．建设工程造价鉴定规程（CECA/GC 8—2012）［S］．北京：中国计划出版社，2012.

［16］中国建设工程造价管理协会．建设项目工程竣工决算编制规程（CECA/GC 9—2013）［S］．北京：中国计划出版社，2013.

［17］中国建设工程造价管理协会．工程造价咨询企业服务清单（CCEA/GC 11—

2019）［S］. 北京：中国计划出版社，2019.

［18］中华人民共和国住房和城乡建设部．建设工程造价指标指数分类与测算标准（GB/T 51290—2018）［S］. 北京：中国计划出版社，2018.

［19］四川省建设工程造价管理总站．四川省建设工程造价技术经济指标采集标准（DBJ 51/T 096—2018）［S］. 成都：西南交通大学出版社，2018.